Robert Redford

Adolf Heinzlmeier

V.I.P.

Robert Redford und Jane Fonda in *Barfuß im Park*

Dieser Band erscheint in der Reihe V.I.P. cinema
V.I.P. ist ein Imprint der Paul Zsolnay Verlag
Ges.m.b.H., Wien
Originalausgabe
© 1993 by Paul Zsolnay Verlag Ges.m.b.H., Wien
Alle Rechte vorbehalten
Textbearbeitung: Dr. Petra Gallmeister
Umschlagentwurf und -gestaltung: Studio d'Arte
Umschlagfoto: action press
Innenlayout: Studio d'Arte
Druck und Bindung: VPM, Rastatt
Printed in Germany 1993
ISBN 3-552-05100-7

Bildquellen:
Action Press: S. 66, 79
Alpha: S. 1, 65, 80
Archiv des Autors: S. 20
dpa: S. 59, 64
Norman Schreiber/Inter News: S. 13
Deutsches Institut für Filmkunde: alle übrigen Abbildungen

Inhalt

7 **Sundance Kid – ein Held der westlichen Welt**

12 **Paris, Colorado, Hollywood**
Stationen eines Superstars

12 Santa Monica
14 Sport in Colorado
17 In Paris und anderswo
19 Eine Hochzeit
21 Broadway
24 Der Karrieresprung
26 Betrunken im Park
29 Frühe Filme
34 Im Wilden Westen
42 Der Unbestechliche
48 Literatur, Flops und eine Freundschaft
58 „König der Berge"

66 **Filmographie**

Robert Redford in *Der Clou*

Sundance Kid – ein Held der westlichen Welt

Robert Redford ist der Mann mit Stil und guten Manieren; er beherrscht den Salto des Lebens mühelos – wenn es sein muß auch aus dem Stand. Er ist ein „sportsman" und „Held wider Willen", im Kino wie im richtigen Leben. Keiner ist so blond und groß wie er. Und so männlich und blauäugig. Auch wenn er mittlerweile fein und vornehm zu altern beginnt.

Auf den ersten Blick scheint er der lockere Sonnyboy zu sein, allerdings einer der aufrechten Sorte, der Vertrauen weckt und Integrität ausstrahlt. Er steht für die Tugenden des weißen angelsächsischen Mannes – ein offener, liberaler Zeitgenosse, mit dem man jederzeit eine Wahl gewinnen kann.

Das Besondere an ihm ist seine Jungenhaftigkeit, die er sich auch bewahrt, wenn er einen Staatsanwalt spielt. Gerade dann. Bei all seiner Untadeligkeit und Lässigkeit ist er doch jederzeit in Gefahr, im unrechten Moment über einen Stuhl zu stolpern oder den Schlüssel im Wagen steckenzulassen.

Als er in einem Film die Rolle des Rasputin spielen wollte, lehnten die Produzenten erschrocken ab. Redford als zaristischer Lustmolch? Allein der Gedanke kam ihnen unvorstellbar vor.

Robert Redford ist ein Held der westlichen Welt. Ein Bursche, der auf dem Eis tanzt, ohne daß es bricht. In ihm spiegelt sich die Idealvorstellung vom guten Amerikaner. In seiner Jugend sah er John F. Kennedy erstaunlich ähnlich. In Redford vollendet sich das Bild jener unaufdringlichen Persönlichkeit, die es nicht nötig hat, Karateschreie auszustoßen oder die Muskeln à la Schwarzenegger spielen zu lassen.

Ohne manierierte Posen, mit leisem Lächeln und Sinn für Ironie beherrscht er die Gegner, nimmt er sie auseinander und den Kampf gegen den Rest der Welt auf. Und gewinnt.

Selbst als Schwindler, Einsiedler oder Spieler bleibt er menschlich – eine tragikomische Figur. Wie alle magischen Helden verfügt er über Charme und Chuzpe, gepaart mit einem Schuß Größenwahn. Wer in seine blauen Augen schaut, ist verloren.

Männer bewundern ihn, Frauen fühlen sich in seinen Armen geborgen.

„Ich mag ihn, denn ich weiß, wie schwer es ist, Robert Redford zu sein", sagte Kim Basinger über ihn. Und mit diesem einfachen Satz legte sie den Finger auf die Wunde, auf den Riß im Hochglanzbild des makellosen Supermanns.

Mit Natalie Wood in *Verdammte süße Welt*

Barbra Streisand füttert Robert Redford in *So wie wir waren*

Robert Redford spielte mit vielen schönen Frauen zusammen, hier mit Mia Farrow in *Der große Gatsby*

Betrachtet man frühe Fotos von ihm aus der Zeit, als er noch milchgesichtige junge Partylöwen auf den Brettern der Broadway-Bühnen spielte, fallen an seinem Gesicht eine Unmenge Sommersprossen auf. Und eine steile Falte in der Stirn. Robert Redford entfaltete in den Jahren seiner Reife in seinen Zügen eine harmonisch-herbe Männlichkeit – doch die Stirnfalte blieb.

Denn der glänzende Star überrascht uns als Mann mit den zwei Gesichtern. Neben dem strahlenden Sieger und gepflegten Traummann entpuppt er sich als Grübler und Träumer, der sich in die Einsamkeit der Bergwelt von Utah flüchtet. Als Zweifler und Sinnierer, dem sportliche Erfolge, Geld und Macht suspekt erscheinen.

Vielleicht liebt ihn das Publikum zwischen Vancouver, Paris und New York genau deshalb, weil Robert Redford auch und vor allem das andere Amerika verkörpert. Jenes Amerika, dem „success and happiness", Profit und hohe Einschaltquoten nicht über alles gehen, sondern eher verdächtig erscheinen.

Er ist kein stromlinienförmiger Schönling, sondern ein widerborstiger Held. Ein Mann mit Charakter und Eigensinn und einer, der sich engagiert. Deshalb fielen ihm Rollen wie sein opportunistischer Student und Schreiberling Hubbell Gardiner an der Seite der kämpferischen Barbra Streisand in *So wie wir waren* (The Way We Were, 1973) so schwer. Doch wie durch Zauberei gelang es ihm, auch vagen Gestalten wie diesen Profil zu geben, Interesse und Sympathie für sie zu wecken. Der Film wurde sogar einer der großen Renner in Redfords Karriere.

Das macht einen Schauspieler wie Robert Redford zum Star, daß er durch seine Präsenz und seine Ausstrahlung auch blassen Figuren Leben einzuhauchen versteht, ihnen die Aura des Einmaligen vermittelt.

Mit Paul Newman in dem Gangsterstück *Der Clou*, einem der ganz großen Erfolgsfilme Redfords

„Gegen Robert Redford ist die Sphinx ein Plappermaul", sagte einst sein Filmpartner Paul Newman über ihn.

Das betrifft den Westernhelden Sundance Kid, der an der Seite von Butch Cassidy gen Horizont reitet. Mit coolem, unbewegtem Pokerface wie einst Gary Cooper. Ein Mann, der schneller zieht als alle anderen und doch am Ende ins Gras beißt. Nicht ganz zufällig ist Redford in dem Western *Blutige Spur* (Tell Them Willie Boy is Here, 1969) Sheriff und heißt Cooper.

Die zitierte Aussage könnte aber auch den Ganoven und Trickbetrüger Johnny Hooker meinen, der in *Der Clou* (The Sting, 1973) im braunen Nadelstreifenanzug, mit Schiebermütze und Dreitagebart immer die Nase im Wind hat.

Redford hat mehrmals Banditen gespielt: „Ein großer Teil Amerikas wurde von den Gesetzlosen erschlossen. Wir sind heute so damit beschäftigt, unser Land weiter auszubauen, daß diese alten Spuren verwischt werden. Deshalb bin ich mit Freunden die alten Schleichwege der Outlaws noch einmal entlanggeritten."

Als der Produzent Richard Zanuck den noch unbekannten Redford für *Zwei Banditen* (Butch Cassidy and The Sundance Kid, 1969) verpflichten sollte, hatte er Bedenken und bezeichnete seinen neuen Star als „oddball". Ohne es zu ahnen, hatte er Robert Redford damit präzise charakterisiert, denn ein „oddball" ist eine exzentrische, eigensinnige Person, ein introvertierter Sonderling und Nonkonformist, der immer eine Spur unberechenbarer erscheint als andere Mitspieler.

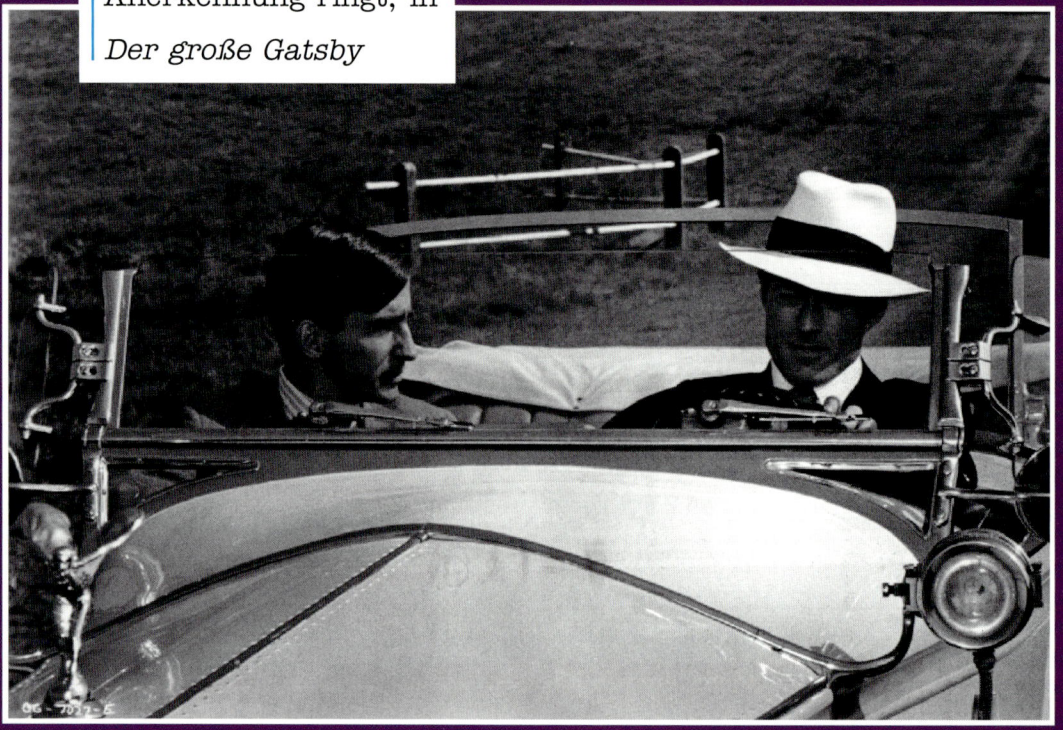

Robert Redford als reicher Aufsteiger, der um gesellschaftliche Anerkennung ringt, in *Der große Gatsby*

Robert Redford als halsbrecherischer Motorradrennfahrer in *Little Fauss und Big Halsey*.

Robert Redford und Dustin Hoffman in *Die Unbestechlichen*

In Wahrheit ist Robert Redford der Mann, der es sich gern schwerer macht, auch wenn es leichter gegangen wäre. Der einfache Weg erscheint ihm zu billig. Kaum einer hat so viele Rollen abgelehnt wie er.

Bei konsequenter Fortentwicklung seiner sportlichen Begabung hätte er schon in jungen Jahren ein Superathlet und Olympiasieger werden können. Doch dann hätte sich nie jenes unvergleichliche Bild von Robert Redford belichtet, das ihm Freunde in der ganzen Welt eingebracht hat. Die Ikone des Mannes aus Utah, der von weither kommt und furchtlos ausspricht, was viele andere nicht zu sagen wagen.

In seinen späteren Arbeiten kam seine liberaldemokratische Haltung immer deutlicher zum Ausdruck.

Der Film, an dem sich dies eindeutig festmachen ließ, war sein kriminalistischer Watergate-Report *Die Unbestechlichen* (All the President's Men, 1976), für den Redford selbst das Buch von den beiden Reportern der WASHINGTON POST – Carl Bernstein und Robert Woodward – erwarb, um es mit Dustin Hoffman auf die Leinwand zu bringen.

Redford hat mit seinem Film *Brubaker* (1980) einen kritischen Kommentar zur Verbesserung der miserablen Zustände in den amerikanischen Zuchthäusern geliefert und mit *Milagro – Der Krieg im Bohnenfeld* (The Milagro Beanfield War, 1988) den Kampf kleiner aufmüpfiger Bohnenfarmer gegen skrupellose Baulöwen dokumentiert.

Er ist ein Mann, der sich im Lauf der Zeit immer radikaler politisch engagiert hat. Er kämpfte gegen die Errichtung eines Atomreaktors und den Bau einer vierspurigen Schnellstraße durch die Bergwildnis von Utah. Und er setzt sich für die Rechte der Indianer und anderer Minderheiten ein.

Immer, wenn es in den USA um Umweltfragen geht, kann man auf Robert Redford zählen. Auf diesem Feld wurde er bei rechten Politikern und Geschäftemachern zu einem der meistgehaßten Männer Amerikas.

Redford gibt sich mit den Verhältnissen, so wie sie sind, nie zufrieden. Seine Gegner sind dann schnell bei der Hand, ihn als Querkopf, Moralisten und Weltverbesserer abzustempeln.

Dazu äußerte der Schauspieler einmal: „Meine Landsleute erschrecken mich. Alles muß schön sein, mühelos, schnell gehen. Was ich heute anfange, soll morgen Erfolg haben. Eine Nescafé-Welt: Leitungswasser zulaufen lassen, umrühren, schlucken. Wir leben in einer Comic-Kultur und kommunizieren in Sprechblasen."

In diesem Zusammenhang kommt dann oft die Frage auf, ob Robert Redford nicht endlich Präsident der Vereinigten Staaten werden sollte. Sein ironischer Kommentar lautet: „Schon der letzte Schauspieler im Weißen Haus war nicht nach meinem Geschmack."

Paris, Colorado, Hollywood

Stationen eines Superstars

SANTA MONICA

Seine Jugend verlief widersprüchlich, konfliktreich und ganz und gar nicht so glatt, wie man es bei seinem Sonnyboy-Image erwarten würde.

Charles Robert Redford – so lautet sein vollständiger Name – wurde am 18. August 1937 in Santa Monica, nicht weit vom Hollywood Boulevard, geboren. Väterlicherseits hat er irisch-schottische Vorfahren.

Bis sich der kleine Bob eines Tages als einer der ganz großen Stars der Traumfabrik entpuppen sollte, gingen einige Jahre ins Land, durchlief sein Lebensweg noch recht ungewöhnliche Zwischenstationen.

In der Depressionszeit der dreißiger Jahre waren in den USA die Nachwirkungen des Schwarzen Freitags von 1929, an dem durch einen Kurssturz an der New Yorker Börse viele Menschen ihre Ersparnisse oder ihr gesamtes Vermögen verloren und existenziell vor dem Nichts standen, noch lange zu spüren.

Auch die Redfords zählten nicht zu den Begüterten im Land. Bobs Vater, Charles Redford, verrichtete gleich zwei Jobs, um die Familie über Wasser zu halten. Ursprünglich übte er die Tätigkeit eines Milchmanns aus, für die er schon um fünf Uhr früh unterwegs sein mußte, und am Nachmittag schuftete er noch als Buchhalter in einem schäbigen Büro.

„Er war schon weg, wenn ich morgens zur Schule ging", sagte Robert später über seinen Vater, „und wenn ich nachmittags heimkam, war es ebenso. Ich wußte kaum, wie er aussah. Er arbeitete wirklich hart." Ob es ihm gefiel oder nicht, Redford junior mußte allein mit sich zurechtkommen; dennoch hatte er Verständnis für seinen Vater. Charles Redford stammte aus einer armen Familie und war ein ernster, schwieriger Mensch, was sich bei ihm in einer permanent schlechten Gemütsverfassung niederschlug.

Dagegen erlebte der kleine Bob seine Mutter, Martha Hart Redford, als eine fröhliche Frau, die in allem das Positive sah. Sie war lebhaft und voller Energie. Robert Redford sagte später: „Meine Eltern waren sehr aufrichtige Menschen. Sie glaubten, daß man sich für Kinder aufopfern müßte. Sie waren schrecklich lieb."

Robert stand in seiner Kindheit seinem Onkel näher als seinem Vater, der einfach zuwenig Zeit für ihn aufbrachte. Unglücklicherweise verlor der Onkel aber im Zweiten Weltkrieg an der Front in der Nähe von Luxemburg sein Leben, und der kleine Bob war um eine wichtige Bezugsperson ärmer.

Nach dem Ende des Weltkriegs ging es für die Familie wirtschaftlich aufwärts. Der Vater ergatterte einen Buchhalterjob bei der Standard Oil Company. Damit verbesserte sich das Einkommen der Familie schlagartig, und Charles Redford hatte es nicht mehr nötig, morgens auch noch Milch auszutragen.

Die Familie verließ nach dem Krieg Santa Monica und siedelte sich in Van Nuys an, einer kleinen kalifornischen Provinzstadt. Es war ein solider Ort für eine aufstrebende junge Familie, die am allgemeinen Wohlstand teilhaben wollte: dem eigenen Häuschen mit Vorgarten, gleichgesinnten Nachbarn, Picknick im Grünen, Gartenpartys und was es sonst an Vergnügungen so gab.

Robert Redford war ein schlechter Schüler. Er rebellierte gegen alles und jeden. Er galt in der Schule als unaufmerksam und verachtete die Lehrer. Kein Wunder, daß er meist schlechte Zensuren nach Hause brachte.

Van Nuys, wo alles in geordneten Bahnen verlief, gefiel dem jungen Bob noch weniger als Santa Monica. „Es war kulturell ein Drecksloch. Keine Aufregung, keine Romantik, keine Herausforderung, einfach gar nichts. Nur Langeweile. Du hockst da in den engen Bänken mit den kleinen Tintenfäßchen, huldigst der Flagge und hoffst, daß endlich die Pausenklingel ertönt, damit du raus darfst. Ich haßte das alles."

Bob vertrieb sich die Zeit lieber damit, seine Klassenkameraden zu zeichnen, als am Unterricht teilzunehmen. Er vergaß seine Hausaufgaben und träumte in den Tag hinein.

Die Schule bot ihm keinerlei Anreize. Seine angeborene Intelligenz und seine Neugierde wurden durch die Lehrer nicht stimuliert. Auch Bücherlesen bereitete ihm zu jener Zeit wenig Spaß. „Ich lernte lieber durch Alltagserfahrungen."

Aber was tut ein junger Mensch, um der Langeweile und dem tödlichen Einerlei der Schulzeit zu entkommen? Er treibt Unsinn, klettert mit seinem Freund auf Hausdächer, schraubt die Birnen aus den Leuchtreklamen – besonders geeignet für solche Kunststücke waren die Bank of America und das Fox Village Theatre – und wirft sie auf das Pflaster.

Die Lust am Abenteuer verband sich

dabei mit spätpubertärer Zerstörungswut, was dazu führte, daß Redford sich selbst in kritische Situationen manövrierte, aus denen er nur mit viel Glück unbeschadet herauskam. Einmal brach er mit einer Horde Halbstarker in die Universal Filmstudios ein und verwüstete einen Teil der Einrichtung. Beliebt war das Klauen von Radkappen parkender Autos, die man anschließend auf dem Schrottplatz für zwanzig Dollar verkaufte.

Oder Robert Redford und seine Kumpel knackten nur so zum Spaß die eleganten Bungalows reicher Leute; und dabei stellte sich Bob regelmäßig die Frage, womit die ihren Reichtum eigentlich verdient hatten.

Redford war damals fasziniert vom Überfluß und Luxus der oberen Zehntausend. Er ließ sich deshalb mit Vorliebe von Freunden einladen, die Kinder wohlhabender Eltern waren.

Da Robert Redford ein sportlicher junger Mann und insbesondere ein ausgezeichneter Tennisspieler war, bereitete es ihm tierischen Spaß, die spleenigen reichen Jungen beim Tennis vom Platz zu fegen.

SPORT IN COLORADO

Zwar gehörte Robert Redford wegen seiner Faulheit nicht zu den guten Schülern; er konnte dieses Manko aber durch gute Leistungen im Sport wieder wettmachen.

Irgendwie schaffte er es am Ende doch, die High-School abzuschließen. Das bildete die Voraussetzung dafür, ans College zu kommen und dem Wehrdienst zu entgehen. Redford wollte mit dem Koreakrieg nichts zu tun haben, in den die USA Anfang der fünfziger Jahre verwickelt waren, ebenso wie er später Amerikas Eingreifen in Vietnam ablehnte.

Er war ein hervorragender Schwimmer, zeichnete sich aber besonders in Mannschaftssportarten wie Football, Basketball und Baseball aus. Redford meinte dazu: „Ich trieb viel Sport, weil es einfach war." Seine Fähigkeiten ließen ihn zur High-School-Sportskanone aufsteigen, und so kam es, daß er einen großen Teil seiner frühen Jugendzeit mit Sport und Spiel verbrachte.

Von daher kann man es auch nicht als Zufall betrachten, daß er später in seiner Filmkarriere häufig Sportler wie Skirennfahrer (*Schußfahrt/* Downhill Racer, 1969), Sportflieger (*Tollkühne Flieger/* The Great Waldo Pepper, 1975) und Baseballstars (*Der Unbeugsame/* The Natural, 1984) darstellte oder von Kampf und Wettbewerb inspirierte Rollen übernahm. Andererseits war es gerade der eindimensionale Leistungscharakter des Sports als Spiegelbild einer kalten Wettbewerbsgesellschaft, der Redford in seiner Jugend zu schaffen machte.

Als er sechzehn war, zählte Bob zu einer Clique von athletischen, halbstarken Burschen des Ortes, die überall ihre Herausforderung suchten, nur nicht in der Schauspielerei.

Im Gegenteil. Kino war für Redford Scharlatanerie, Gesülze, und die Schauspieler sah er als Schmierenkomödianten an. Wenn er und seine Kumpel im Kino saßen, nervten sie die Zuschauer mit süffisanten Zwischenrufen.

Redford als Sportflieger Waldo Pepper in *Tollkühne Flieger*

Camilla Sparv war Redfords Partnerin in *Schußfahrt*, einer Story um Olympiasportler

Das einzige, was für ihn im Kino die Aura von Action und Abenteuer ausstrahlte, war die Arbeit der Stuntmen. Bob war ein Westernfan, und so entschlossen sich er und sein Freund Bill Coomber eines Tages, Stuntmen zu werden. Sie marschierten zu den Studios von Warner Brothers, um sich um Arbeit zu bewerben. Redford erzählte später: „Der Mann im Besetzungsbüro war sehr, sehr höflich. Er fragte nach unserem Alter, unserer beruflichen Erfahrung, schrieb sich unsere Namen auf und erklärte, daß im Augenblick kein Job frei sei, sie sich aber bei Bedarf melden würden. Natürlich hörten wir nie wieder etwas von ihnen."

Möglicherweise hatte seine Geringschätzung des Kinos auch mit der Nähe zu Hollywood zu tun, das sozusagen auf der anderen Straßenseite lag. „Damals kamen wir oft am Studio vorbei und sahen, wie ein Film gedreht wurde. Hinter den Bühnen wurde immer ein künstlicher Himmel hochgezogen. Der richtige Himmel kam in den Filmen überhaupt nicht vor. Das erinnerte mich ständig daran, daß im Kino alles unwirklich war. Wie konnte ich Hollywood ernst nehmen?"

Robert Redford erinnert sich mit gemischten Gefühlen an die seltsamen Rituale, die zwischen Jungen und Mädchen in den fünfziger Jahren en vogue waren. High-School-Knaben waren immer im Vorteil, wenn es darum ging, junge Frauen anzumachen. „Wir fuhren nur mit unserem Schlitten die Straße rauf und runter, hielten neben einem Mädchen an und sagten cool: ‚Willste einsteigen?' Es klappte immer. In der Gruppe behandelten wir Mädchen nie wie richtige Menschen."

Wenn Redford allein ein Date mit einem Mädchen hatte, mied er die üblichen Orte und ging mit seiner Auserwählten lieber am Strand spazieren. Das erschien ihm romantischer.

Bob fühlte sich in den fünfziger Jahren nicht wohl. Er war gelangweilt und frustriert, wollte nicht so sein wie alle anderen. Er las Bücher wie „Studs Lonigan" von James Farrell, Hemingway und Henry Miller, schwärmte vom Paris der zwanziger Jahre. Oder jenem Amerika, das in den Romanen von John Dos Passos beschworen wird.

Als er achtzehn Jahre alt war, starb seine Mutter. Ihr Tod war ein harter Schlag für ihn. Bob stürzte in eine seelische Krise. Der Verlust führte dazu, daß er sein Leben gründlich überdachte und beschloß, aus Kalifornien wegzugehen.

Robert Redford hatte die High-School hinter sich gebracht und ein Sportstipendium an der University of Colorado ergattert. Das eröffnete ihm die Möglichkeit, der künstlichen Plastikwelt Kaliforniens mit ihren ewigen Sonnenstränden und Strandpartys endlich den Rücken zu kehren.

„Jeder erbt die Philosophie seiner El-

Der Held bevorzugt Scotch Whisky
(*Barfuß im Park*)

tern. Du kamst aus Kalifornien. Das Wetter war schön, und alle hatten, was sie wollten. Die Supermarktmanie begann gerade... Diese Betonwelt war häßlich... Das San Fernando Valley war viele Jahre zuvor wirklich schön gewesen, dort gab es damals nur Ranchland. Es geht mir immer ziemlich nahe, wenn freier Raum zugebaut wird."

In Colorado fand Robert Redford wieder freies Land, Luft zum Atmen. Und eine neue Aufgabe: das Sportstudium. Zum erstenmal bemühte er sich um richtige Erfolgserlebnisse in seinem Leben. Er arbeitete auf gute Zensuren hin und schloß sich sogar einer studentischen Verbindung an, um sich in den Unibetrieb einzubringen.

Die neue Umgebung gefiel ihm. Zumindest in der ersten Zeit. Die klare Luft der Bergwelt und das Leben in Denver. Die Nähe der Natur und die unbegrenzten Möglichkeiten zum Skilaufen und Bergsteigen.

Aber irgendwann holte ihn die alte Unzufriedenheit, der Frust seiner Jugend, wieder ein. Redford begann zu trinken und herumzugammeln.

Er stellte für sich persönlich den Stellenwert des Sports in Frage. „Im Grunde konnte ich nichts lernen an der Uni. Das eindimensionale Leben eines Athleten ermüdete mich. Das ewige gleichmäßige Trainieren und Kalorien futtern. Ich verlernte immer mehr das Gefühl für den Spaß am Sport. Es ging nur noch ständig darum zu gewinnen. Und plötzlich hast du Angst davor, einmal nicht mehr zu gewinnen. Eines Tages wurde mir klar, wie eng und begrenzt das Leben war, das ich führte, und daß ich ein System eigentlich nicht mochte, das Modellathleten wie aus der Retorte züchtete."

Das Aufsässige in Redford brach sich wieder Bahn. Vielleicht spürte er, daß noch etwas in ihm schlummerte, ans Tageslicht drängte, und das war auf keinen Fall die Berufung zum Supersportler.

IN PARIS UND ANDERSWO

Je mehr Robert Redford dem Alkohol und anderen Lustbarkeiten zusprach, um so weniger Energie brachte er für sein Sportstudium auf.

So erscheint es fast zwangsläufig, daß er eines Tages sein Baseballstipendium verlor. Er verließ Denver, doch die grandiose Natur der Berge und Wälder Colorados bewahrte er in seinem Herzen. Eines Tages würde er in diese unberührte Welt zurückkehren.

Er war nun frei für das Abenteuer des Lebens. Bob trampte durch die Gegend, flippte herum und jobbte mal hier und mal da. „Ich wollte ständig etwas Neues entdecken oder jemanden treffen. Meine wahre Erziehung erhielt ich auf der Straße."

Er arbeitete zwischendurch sogar auf den Ölfeldern in Kalifornien, hielt das aber nicht lange durch.

Während sich Robert Redford schließlich eine Weile in New York herumtrieb, reifte in ihm der Entschluß, mit dem Geld, das er auf den Ölfeldern verdient hatte, in Europa Kunst zu studieren. Denn das einzige, was sein Interesse wirklich geweckt hatte, waren die Zeichenkurse am College gewesen.

Aus dieser Idee wurde ein ausgedehnter Europatrip. In dreizehn Monaten durchquerte er den alten Kontinent als „hitchhiker"; zu seinen bevorzugten Zielen zählten Griechenland, Frankreich, Italien und Deutschland.

Robert Redford landete zuerst da, wo alle Artisten auf dem Weg zur wahren Kunst landen, in Paris, um am Montmartre in die Welt der Maler, Lebenskünstler und Existentialisten einzutauchen.

In Europa schlug sich der künftige Hollywood-Star in Jugendherbergen durch. Er lebte von der Hand in den Mund, mehr oder weniger am Rande des Existenzminimums, und zuletzt erlangte er in Florenz endgültig den Status eines Hungerkünstlers.

In Paris trieb er sich, wenn er nicht gerade zeichnete oder den Pinsel schwang, in den Markthallen herum – auf der Suche nach billigen Mahlzeiten. Eine andere Möglichkeit, etwas zu essen zu bekommen, bot Harry's Bar, ein Ort, an dem reiche Amerikaner herumlungerten. Wenn man lange genug durchhielt, wurde einem armen Künstler von einem Landsmann schon mal eine Mahlzeit spendiert.

„Zuerst versuchte ich in meiner Kleidung so auszusehen wie ein Einheimischer. Ich hatte immer ein Skizzenbuch unterm Arm, trug eine Baskenmütze, die ich in New York geklaut hatte, und saß – vor mich hinzeichnend – am Montmartre herum. Gewöhnlich sah ich wie ein Spinner aus. Ein amerikanischer Tourist schoß vierunddreißig Bilder von mir, bis er dahinterkam, daß ich kein echter französischer Straßenmaler war. Was ihn auf meine wirkliche Identität brachte, waren meine typischen amerikanischen Socken. Als er sie erkannte, wurde er wütend."

Die Sowjets marschierten damals in Ungarn ein, und auf den Champs-Élysées wurde viel demonstriert. Redford hielt sich für einen Revolutionär und bekam einmal bei einer Demo von einem Polizisten eins auf die Mütze, ohne recht zu wissen, worum es eigentlich ging.

Als Maler war er in Paris ganz und gar erfolglos; deshalb zog er weiter nach Florenz, um dort Kunst zu studieren. Doch in dieser Stadt erlebte er nur weitere Frustrationen und Konfusionen, erreichte die Desillusionierung in Redfords Leben einen neuen Höhepunkt.

„Ich lebte in einem sehr, sehr kleinen Zimmer. Ich besaß kaum Kleidung und trug immer dasselbe.

Ich verbrachte viel Zeit allein – ich meine *wirklich* allein. Es gab längere Phasen, in denen ich nichts aß, hauptsächlich, weil ich kein Geld hatte – aber auch, weil ich das Fasten genoß. Ich brachte mich selbst bei vollem Bewußtsein in eine sehr trübe Lage."

Die Katastrophe trat ein, als ihm sein Kunstlehrer eröffnete, daß er als Maler doch recht minderbegabt sei. Sein Talent reiche nicht aus, um ein großer Künstler zu werden.

Diese Beurteilung traf ihn an seinem Lebensnerv. Redford ging dazu über, nächtelang nur Zigaretten zu rauchen oder zu trinken, oder er starrte stundenlang auf einen Punkt an der Wand, bis er Halluzinationen bekam.

Er hatte Angst, die Kontrolle über sich zu verlieren. „Ich glaubte wirklich, langsam verrückt zu werden. Es war eine ziemlich einsame Erfahrung. Ich nahm alles in mich auf und konnte nichts abgeben, außer in meinen Bildern, und als der Professor meine Bilder ablehnte, war ich ziemlich schockiert. Ich wurde depressiv und dachte oft über Dinge wie den Tod oder die Dunkelheit nach."

Robert Redford beschloß in dieser Situation, seine letzten Groschen Sous zusammenzukratzen, um in die Staaten zurückzukehren.

Er kam abgebrannt in Los Angeles an und machte die Erfahrung, daß es dort auch nicht besser war. Er spielte mit dem Gedanken, sich umzubringen.

In dieser Situation lernte er eine Frau kennen. Sie hieß Lola Jean van Wagenen und war die Freundin einer Nachbarin. Redford hauste allein in einem Apartment, und Lola tauchte eines Tages auf, weil sie von den „seltsamen Bildern" des blonden Typen gehört hatte.

Auf den ersten Blick war sie von dem jungen Mann ziemlich beeindruckt. Lola erzählte später: „Ich erinnere mich, wie ich Bob zum erstenmal sah. Es war 1958, und wir wohnten im selben Haus in L.A. Er saß barfuß auf einer Mauer, trug Jeans und eine Jacke, mit nichts drunter... Er war das Größte, was ich je gesehen hatte, und sicher die Nummer eins unter all den verbotenen Dingen, die mir meine Eltern aufgeschrieben hatten, als ich von zu Hause auszog."

Redford erklärte: „Ich brauchte jemanden, mit dem ich reden konnte und der verstand, was ich durchgemacht hatte, und Lolas Haltung war erfrischend und aufgeschlossen. Sie war aufrichtig interessiert an dem, was ich zu erzählen hatte."

EINE HOCHZEIT

Bob und Lola gingen stunden- und nächtelang auf den Straßen Hollywoods spazieren, manchmal bis zur Morgendämmerung. Sie taten nichts weiter als reden. Für Redford war dies in seiner damaligen Lage aber wohl lebenswichtig.

Sie trafen sich immer wieder „zufällig". Lola erinnerte sich später, daß sie sich in den ersten Monaten nie verabredeten. „Unsere Beziehung entwickelte sich von Anfang an gut, weil wir ehrlich zueinander waren. Das ganze Trara, das mit Verabredungen verbunden ist, fiel weg. Bei einer Verabredung willst du einen Jungen davon überzeugen, daß du nett bist. Deshalb kommt deine wahre Person nicht zum Vorschein, denn bis zum dritten oder vierten Date willst du zuckersüß sein. Man lernt sich nicht richtig kennen, weil jeder damit beschäftigt ist, seine Show abzuziehen. Bob und ich – wir redeten uns in die Liebe hinein."

Lola van Wagenen und Robert Redford verliebten sich ineinander. Doch ehe er sie fragen konnte, ob sie seine Frau werden

Robert Redford mit Frau Lola und den Kindern Shauna und Jamie

wolle, machte er sich auf den Weg nach New York davon.

Lola hatte seinem Leben eine neue Perspektive gegeben, die sich so auswirkte, daß Redford sein Kunststudium von neuem aufnahm, und zwar am Pratt Institute in New York. Dort kam er auch auf die Idee, Bühnenbilder zu entwerfen, was wohl als eine erste Berührung mit dem Theater angesehen werden muß. Ein Freund schlug ihm vor, doch lieber gleich Schauspielunterricht zu nehmen und zur American Academy of Dramatic Arts zu wechseln, denn das Studium am Pratt bereitete Bob wenig Spaß. Um aufgenommen zu werden, mußte er aber vorsprechen und eine Kostprobe seiner Begabung liefern.

Man schlug ihm vor, eine tragische und eine komische Rolle zu spielen. Redford war nicht sonderlich von sich überzeugt. „Das Problem war, daß ich Schauspieler nicht mochte. Aber es war mir alles egal, und mit dieser Haltung ging ich zur Prüfung." Er schämte sich, die Passagen zu Hause zu proben, und lief deshalb im Central Park herum, während er die Texte lernte.

Dann war es soweit. Redford erinnerte sich später: „Der Lehrer ging mir auf die Nerven. Ich begann mit dem komischen Monolog, und die Sache ging ziemlich daneben. Aber während der zweiten Szene sah ich den Mann ständig an und wurde immer wütender. Ich sollte jemanden hinauswerfen; es klappte recht gut."

Redford erhielt die gute A-Note und wurde in die Academy aufgenommen. Ja, man verglich ihn sogar mit Spencer Tracy. Er verfüge über eine natürliche Leichtigkeit des Ausdrucks, Phantasie und Ausstrahlung, allerdings müsse er noch an seiner Stimme arbeiten und sich seinen kalifornischen Akzent abgewöhnen. Redford lernte nun alles über Schauspieltechnik und studierte die großen klassischen Dramatiker, insbesondere die angelsächsischen.

Eines Tages rief er Lola an und machte ihr einen Heiratsantrag. Sie wollte sich am Telefon nicht darauf einlassen, und so blieb ihm nichts anderes übrig, als nach Kalifornien zu reisen und ihr die Frage von Angesicht zu Angesicht noch einmal zu stellen. Als sie antwortete: „Ich weiß nicht", wurde er sehr energisch: „Ich gebe dir bis morgen Zeit. Wenn du dich dann nicht entschieden hast, fahre ich zurück nach New York."

Lola entschied sich für ihn, und die beiden heirateten im September 1958, um dann gemeinsam nach New York zu übersiedeln. Das junge Paar bezog eine Wohnung in der Upper East Side, die nur notdürftig mit Matratzen und selbstgezimmerten Möbeln eingerichtet war. Anfangs verfügten sie über sehr wenig Geld, doch das sollte sich ändern. Während Bob studierte, ernährte Lola die Familie als Angestellte bei einer Bank.

Mit dem Beginn seiner Ausbildung an der Schauspielschule gab er die Malerei auf. Viele Jahre später sagte Redford in einem Interview über diese Zeit seines Lebens, in der er besonders von Matisse, Picasso und Toulouse-Lautrec beeinflußt war:

„Als ich noch malte, habe ich am liebsten Menschen porträtiert. Für Landschaften war ich viel zu ungeduldig. Ich wollte mit einer schnellen Skizze einen Moment, eine Stimmung einfangen. Man lernt sehr viel über einen Menschen, wenn man ihn zeichnet."

Robert Redford gibt zu, daß er gern erfahren hätte, ob aus ihm nicht doch ein guter Maler geworden wäre, wenn er damals nicht das Handtuch geworfen hätte. Lange Zeit redete er sich ein, daß es für ihn einen Weg zurück zur Malerei gäbe. Inzwischen begnügt er sich damit, Bilder von indianischen Malern zu sammeln.

Robert Redford mit Ron Leibman (zweiter von rechts) in der Gaunerkomödie *Vier schräge Vögel*

BROADWAY

Trotz aller Vorschußlorbeeren fiel Robert Redford die Schauspielerei anfangs schwer. Erst als er eines Tages ein Gedicht in einer spontanen Improvisation mimisch, theatralisch und choreographisch gestalten sollte, schaffte er den Durchbruch. Redford wählte „Der Rabe", das einzige Gedicht, das er auswendig kannte.

Er bekam bald sehr gute Beurteilungen von seinen Lehrern, hielt allerdings wenig von gewissen Theorien des Theaterspielens wie dem „methodacting", das am berühmten Actor's Studio bei Lee Strasberg gelehrt wurde.

„Diesen ganzen Motivations- und Bedeutungskram" hielt er für überflüssigen Zinnober; er war davon überzeugt, daß man die Schauspielerei mit technischen Mitteln allein nicht bewältigen könne.

Er sagte später, er habe an der Academy zwar Anregungen erhalten, um sich als Schauspieler zu entfalten, bestand aber auf seiner Aussage, daß er nicht gelernt habe, wie man spielt.

„Alle Kollegen, die mit mir beim Bier über diese Fragen sprachen, wußten auf der Bühne nicht mehr, was sie tun sollten." Robert Redfords Credo lautet dagegen: „Das Beste, was ein Schauspieler hat, ist sein Instinkt, und ich glaube nicht, daß man das lernen kann."

Seinem Lehrer Francis Letton fiel auf, daß Robert eine besondere Vorliebe für modernes amerikanisches Theater, Stücke wie „Bus Stop" oder „Endstation Sehnsucht", entwickelte. Deshalb konfrontierte er ihn als Kontrast dazu bewußt mit Klassikern.

Eines Tages las Bob in der Academy-Ankündigung, daß er für das Stück „Die Möwe" von Anton Tschechow vorgesehen war. Er fragte seinen Kommilitonen Ron Leibman, mit dem er später die Gaunerkomödie *Vier schräge Vögel* (The Hot Rock, 1972) drehen sollte: „Was ist das?" Leibman: „Das ist eine große Rolle." Redford: „Nie davon gehört."

Redford verkörperte auch den König Kreon in „Antigone", wobei er seinem späteren Agenten Stark Hasseltine auffiel, der ihn nach diesem Theaterabend unbedingt verpflichten wollte. Hasseltine urteilte über Redford: „Er öffnete nicht mal den Mund, aber ich sah eine solche Präsenz, eine so starke Konzentration, daß ich die Augen nicht von ihm wenden konnte."

Obwohl sich Redford zuerst dagegen wehrte, einen Agenten zu engagieren, weil er nicht wußte, wozu das gut sein sollte, kam es dann doch zu einem Vertrag zwischen den beiden.

Seine erste „richtige" Rolle erhielt er allerdings nicht durch Hasseltine. Robert Redford studierte noch keine zwei Jahre an der Academy, als er die Chance bekam, am Broadway zu debütieren.

Die Begleitumstände waren, wie häufig in solchen Fällen, kurios. Einer seiner Lehrer, Mike Thomas, fungierte gleichzeitig als Manager des erfolgreichen Broadway-Stückes „Tall Story". Regisseur Herman Shumlin fragte Thomas, ob er ihm für sein Stück ein paar sportliche Jungen empfehlen könne, die mit einem Basketball umzugehen wußten. Thomas nannte sofort Redford, der keinen Moment zögerte, sich einen flotten Pulli überzog, um jünger auszusehen, und dann vorsprach. Und natürlich bekam er die Rolle, in der er nichts weiter zu tun hatte, als mit dem Ball gekonnt über die Bühne zu dribbeln und dann zu sagen: „Hey – sie sind da drinnen!"

Immerhin wurde man dabei auf Redford aufmerksam, denn schon kurze Zeit später bekam er seine nächste Rolle. Das Stück hieß „The Highest Tree". Im Mittelpunkt steht ein Atomphysiker, dem die Ärzte mitteilen, daß er nur noch sechs Monate zu leben hat. Redford durfte in seiner winzigen Nebenrolle sechs Dialogzeilen von sich geben.

Doch dann traf Robert Redford und seine junge Frau Lola ein herber Schicksalsschlag. Sie hatten ihr erstes Baby bekommen – einen Sohn namens Scott –, aber er starb nach zwei Monaten an einer rätselhaften Krankheit, die unter dem Namen Plötzlicher Kindstod bekannt ist.

Das Theaterensemble startete eine Spendenaktion für Robert Redford, der daraufhin mit seiner Frau eine kurze Reise nach Pennsylvania unternahm, um den Schmerz und die Trauer über den Verlust des Kindes zu bewältigen.

Danach probte er weiter. Die Uraufführung des Stückes erfolgte am 4. November 1959. Während man nach der

Mit Julie Harris und Neil Fitzgerald in dem Broadway-Stück „Little Moon of Alban"

Vorstellung noch übermütig bei Sardi's feierte, kamen die ersten Zeitungen heraus, in denen das Stück erbarmungslos verrissen wurde. Nach nur einundzwanzig Aufführungen wurde es abgesetzt.

In den Jahren 1960 bis 1963 sollte Robert Redford in einer Reihe von Broadway-Aufführungen mitwirken. Und – wie nicht anders zu erwarten – ließ auch die erste Hauptrolle nicht lange auf sich warten.

Allerdings erhielt er nach dem Flop „The Highest Tree" vorerst keine weiteren Bühnenangebote. Doch da die Redfords Geldsorgen hatten, nahm der angehende Theatermime Fernsehangebote an, die ihm aus dem fernen Westen ins Haus flatterten.

1960 wirkte Robert Redford in einer Reihe von TV-Serien mit, die seinen Namen langsam, aber sicher bekannt machten. Jede dieser Serien spannte einen berühmten Hollywood-Star als Zugpferd ein. In *The Deputy* war das Henry Fonda, in *Tate* David McLean, in *Playhouse 90* Charles Laughton, und in *Perry Mason* spielte Raymond Burr den berühmten Detektiv.

Redford war zwar wieder nur für Nebenrollen gut, doch immerhin brachten diese beliebten TV-Serien sein damaliges Milchgesicht dem breiten Fernsehpublikum nahe.

Im Herbst 1960 kehrte Robert Redford an den Broadway zurück, um in dem Stück „Little Moon of Alban" mitzuwirken – diesmal in einer Hauptrolle.

Mit der Hauptdarstellerin des Stücks, der durch den James-Dean-Film *Jenseits von Eden* (East of Eden, 1955) bekannt gewordenen Julie Harris, bekam Robert Redford Ärger.

Sie behauptete, er habe Angst vor ihr und halte sich zurück. Vielleicht war an diesem Vorwurf sogar etwas dran. Doch nachdem der Regisseur, Herman Shumlin, Redford Mut gemacht und ihn aufgefordert hatte, seine vornehme Zurückhaltung aufzugeben, spielte er plötzlich wie befreit los.

Allerdings ging es bei dem Konflikt zwischen Redford und Julie Harris um ein grundsätzliches Problem, das auch in Redfords weiterer Karriere immer wieder virulent wurde.

Julie konnte bereits bei der ersten Probe ihren gesamten Text auswendig. Das bedeutete, daß für Spontaneität oder unerwartete Entwicklungen zwischen den Figuren überhaupt kein Spielraum mehr blieb.

Redford ließ eine Figur langsam reifen, sie nahm nach und nach Kontur an, es mußte aber immer noch ein Rest offenbleiben für Improvisation, überraschend Neues. Durch Julie Harris' Arbeitsweise wurde ihm dieser Spielraum aber genommen.

„Little Moon of Alban" hatte am 1. Dezember 1960 am Broadway Premiere. Redford erhielt zwar gute Kritiken, aber das Stück brachte es wieder nicht über zwanzig Aufführungen.

DER KARRIERE-SPRUNG

Redford flog anschließend nach Kalifornien, um erneut in TV-Serien mitzumischen. In der Reihe *Alfred Hitchcock Theatre* stand er sogar ganz oben auf der Besetzungsliste; andere erfolgreiche Serien waren *Route 66, Dr. Kildare* oder *The Untouchables*.

Erste Filmrolle in dem Psychodrama *Hinter feindlichen Linien*

Ein Jahr später boten ihm die Produzenten des Westernserials *The Virginian* hundertfünfzigtausend Dollar für einen Fünfjahresvertrag, doch Redford lehnte ab. Er war finanziell bereits so gut im Geschäft, daß er nur des Geldes wegen nicht jahrelang im Cowboysattel herumhängen wollte.

Er durchlief im Grunde die klassischen Stationen einer Starkarriere. Über das Theater kam er dank seines guten Aussehens zum Fernsehen, und von hier war es nur noch ein kleiner Sprung zum großen Kino.

Jedenfalls war Hollywood durch seine zahlreichen TV-Auftritte inzwischen auf den heißen Newcomer aufmerksam geworden. Man bot ihm eine Rolle in dem Kriegsfilm *Hinter feindlichen Linien* (War Hunt, 1962) an. Es ging weniger um eine Schlachtbeschreibung als vielmehr um eine unmenschliche Abart psychologischer Kriegsführung.

Als Redford das Drehbuch las, war er überrascht. Er hatte erwartet, daß er den pathologischen Killersoldaten spielen sollte, der nachts heimlich „Feinde" abschlachtet. Denn in seinen Fernsehfilmen hatte er bislang oft negative Figuren verkörpert, was eigentlich bei ihm, dem aufrechten Helden und Sonnyboy, schon erstaunlich war. Als er erfuhr, daß man ihn für die andere Figur, die des Beobachters, vorgesehen hatte, war er angenehm enttäuscht und betrachtete die Rolle als echte Herausforderung.

Weil nur ein kleines Budget zur Verfügung stand, wurde der Film im Sommer 1961 in knappen drei Wochen Drehzeit heruntergekurbelt.

Von entscheidender Bedeutung für seine weitere Karriere war Redfords Zusammentreffen mit Sydney Pollack, der in diesem Film einen kleineren Part übernommen hatte. Pollack sollte bald in den Regiestuhl überwechseln und im Lauf der Jahre nicht weniger als sieben Filme zusammen mit Robert Redford drehen. Dabei entwickelte sich auch eine enge Freundschaft zwischen den beiden.

Redford erhielt für seinen ersten Filmauftritt gute Kritiken sowie einen Vertrag von Regisseur Denis Sanders und dessen Bruder Terry über drei weitere Filme. Die Streifen, in denen er dann spielen sollte, mißfielen ihm allerdings, weshalb er aus dem Vertrag wieder ausstieg und daraufhin noch jahrelang gerichtliche Streitigkeiten durchfechten mußte.

Das führte dazu, daß sich Redford vorerst zu keinem zweiten Film überreden ließ. Er kehrte vielmehr an den Broadway zurück und übernahm eine zwielichtige Rolle in dem Stück „Sunday in New York".

In dieser mit schräger Wortakrobatik servierten Sexkomödie konnte er sich endlich als veritabler Liebhaber austoben. Autor des Stücks ist der Routinier Norman Krashna. Zusammen mit Regisseur Garson Kanin garantierte er für einen beachtlichen Publikumserfolg, den Redford auf der Bühne auch nötig hatte.

Seinen ganz großen Theatererfolg hatte Robert Redford zu dieser Zeit allerdings noch vor sich.

Robert Redford betrunken und „barfuß im Park" in der Verfilmung des gleichnamigen Theaterstücks

BETRUNKEN IM PARK

Als Robert Redford die Eltern seiner Frau besuchte, entdeckte er einen traumhaften Landstrich in Colorado. Er erwarb ein Stück Land, das in der Nähe des Ortes Provo und neunzig Meilen von Salt Lake City entfernt liegt, um dort sein eigenes Haus zu bauen.

Es steht in einer romantischen Wildnis, nahe einem tiefen Canyon. An diesen Ort konnte er sich ungestört zu seiner Familie zurückziehen, was er im Verlauf seiner Karriere immer häufiger nötig hatte, denn der berühmte Schauspieler ist ein eher scheuer Mensch, der seine Ruhe haben will, keine Autogramme verteilt und nur ungern und selten Interviews gibt.

Im Lauf der Jahre kaufte Redford immer mehr Land dazu. Er erschloß die Gegend zu einem Wintersportzentrum namens Sundance und gründete eine eigene Filmgesellschaft, Wildwood Enterprises, die junge Nachwuchstalente fördert und seit 1980 auch Filme produziert.

Damals war Redford aber gerade dabei, seine erste Hütte zu errichten, um ein eigenes Dach über dem Kopf zu haben – fernab der geschäftigen Welt der großen Städte.

Eigentlich wollte er lieber sein Haus fertig bauen, als eines Tages ein Anruf aus New York kam. Am Telefon war Regisseur Mike Nichols, der ihm eine Hauptrolle in einer Broadway-Komödie anbot.

Redford nahm nur an, weil er dringend Geld brauchte. „Lola und ich waren pleite. Wir hatten unser ganzes Geld in das Haus gesteckt."

So kam er an die Rolle in „Barfuß im Park", die ihm seinen größten Theatererfolg einbrachte. Der Autor des Stücks heißt Neil Simon, in Amerika als einer der begabtesten Komödienschreiber bekannt. Kein Wunder, daß sich alle Schauspieler um eine Rolle in seinen Stücken rissen. Redford fiel sie praktisch in den Schoß.

Bei den Proben gab es Probleme. Redford glaubte, daß ihm die Rolle des jungen Ehemanns Paul Bratter, eines zugeknöpften, korrekt gekleideten Anwalts, eigentlich nicht lag. Zudem war er mit den Gedanken bei seinem Haus und hatte

Ein glückliches Paar: Jane Fonda und Robert Redford in *Barfuß im Park*.

Mühe, sich auf die Schauspielerei zu konzentrieren.

Seine Partnerin Elizabeth Ashley, die seine temperamentvolle, ausgeflippte Ehefrau spielte und zudem meist leichtbekleidet auftreten mußte, verbuchte zunächst Vorteile für sich und holte alles aus ihrer Rolle als exzentrische Frau heraus. Redford wollte schon aussteigen, doch Mike Nichols ließ ihn nicht gehen.

Er machte ihm klar, daß jeder Schauspieler, der in einem Stück mit nur wenigen Personen spielt, auf der Bühne versucht, die Kollegen auszustechen und das Publikum für sich zu begeistern, und daß Elizabeth Ashley ganz offensichtlich von diesem Bemühen durchdrungen war. Nichols war von Redfords Talent überzeugt und gab ihm den Rat, endlich auch einen Zahn zuzulegen. Der beherzigte das, und das Stück gestaltete sich zu einem imponierenden Erfolg. Es hatte am 23. Oktober 1963 am Biltmore Theatre in New York Premiere und wurde vier Jahre en suite gespielt.

So witzig und applausträchtig die Komödie auch war, Robert Redford bereitete es schließlich Schwierigkeiten, Abend für Abend dieselbe Rolle herunterzuspulen, weshalb er oft kleine „Unfälle" und Variationen einbaute, um die Monotonie zu durchbrechen. Nach einem knappen Jahr, am 5. September 1964, schied er deshalb aus der Produktion aus und ließ sich durch einen anderen Schauspieler ersetzen.

Dieses Stück sollte sein letzter Theaterauftritt sein, der allerdings ein Nachspiel hatte. Denn 1967 wurde das Stück mit Robert Redford verfilmt; diesmal war Jane Fonda seine Partnerin, mit der er hervorragend harmonierte. Auch der Film wurde ein Erfolg und galt als einer der Komödienhits der sechziger Jahre.

Barfuß im Park (Barefoot in the Park) beginnt dort, wo andere Filme aufhören: mit dem Happy-End. Im ersten Bild fahren Corie und Paul Bratter mit der Hochzeitskutsche durch New York Richtung Plaza Hotel, in dem sie sechs Tage und Nächte ihre Flitterwochen feiern.

„Bereust du auch wirklich nichts?" fragt sie vor dem Hotel.

„Wir sind erst vierzig Minuten verheiratet, wart doch wenigstens ein paar Stunden."

„Paul, wenn die Flitterwochen schiefgehen, wollen wir uns nicht scheiden lassen, sondern umbringen", schlägt Corie vor.

Und beinahe kommt es dann auch soweit. Denn die erste Bewährungsprobe ihrer brandneuen Ehe beginnt, als das Paar aus der Traumwelt des Luxushotels in die kalte Wirklichkeit eines winzigen, viel zu teuren Apartments im fünften Stock in Greenwich Village umzieht, in dem nichts funktioniert, das ein Loch im Glasdach aufweist und einen verrückten Mieter bietet, der noch über den beiden unterm Dach haust. Dazu wuselt eine ständig anwesende, allzu fürsorgliche Schwiegermutter durch die Szene.

Während sich die Mutter in den bohemehaften Mister Velasco verliebt, bekommt das junge Glück tiefe Risse, denn

Eheclinch *(Barfuß im Park)*

Die Krise kündigt sich an: Jane Fonda und Robert Redford in *Barfuß im Park*

Corie glaubt plötzlich zu wissen, daß ihr Paul steif, spießig und verklemmt ist und sich nicht gehenlassen, nicht mal barfuß durch den Park laufen kann.

Als er sich im Park dann doch gehenläßt, sturzbetrunken über Bänke springt und sich den Abfallkorb über dem Kopf ausleert, wünscht sie ihn sich sehnlichst wieder normal, steif, männlich und stark.

Das Stück, wie auch der Film, sprüht, besonders im ersten Teil, vor Witz und schlagfertigen Dialogen. Der Film legt ein rasantes Tempo vor, und die sich aus der Situationskomik ergebenden Einfälle überschlagen sich.

Redford scheint die Rolle des etwas zu strengen, zu vernünftigen Anwalts wie auf den Leib geschrieben zu sein, obwohl er sich während der Dreharbeiten in Schlips und Kragen gar nicht wohl fühlte. Besonders originell sind seine plötzlichen Anfälle von Ausgeflipptheit sowie sein Schnapstanz im Stadtpark, und mit Jane Fonda zusammen bildet er – wie auch in anderen Filmen – ein traumhaftes Liebespaar.

„Barfuß im Park" ist der Heuler der Saison... eine vergnügliche und unterhaltsame Komödie über eine junge Ehe ... Redford ist ein herausragender Schauspieler, erfahren in der leichten Komödie, seine Darstellung rechtfertigt, daß sein Name an erster Stelle der Besetzung genannt wird. Man darf ihm für die nächsten Jahrzehnte eine erfolgreiche Karriere vorhersagen in der Nachfolge eines Cary Grant ... Miss Fonda ist exzellent." Das schrieb die Zeitschrift VARIETY über den Film.

Redford als den neuen Cary Grant zu begrüßen war etwas voreilig. Was VARIETY aber über die Karriere des jungen Stars prophezeite, das traf ein.

FRÜHE FILME

Als Robert Redford im September 1964 aus dem Theaterensemble von *Barfuß im Park* ausschied, bedeutete dies zugleich einen Abschied von der Bühne. Er hätte gern weiter Rollen am Theater übernommen, doch es gab nur billige Sexklamotten und wenig moderne Stücke mit Substanz. Von Anfang an wollte sich Redford nicht auf Rollenklischees festlegen lassen, weder als Komödiant in der Nachfolge eines Cary Grant noch als Kriegs-, Liebes- oder Actionheld.

In diesen Jahren wuchs seine Familie schnell, und sie blieb glücklicherweise von weiteren Unglücksfällen verschont. Auf die Tochter Shauna folgte ein Sohn mit Namen David James, auch Jamie genannt, später kam ein weiteres Mädchen namens Amy dazu.

Redford konnte sein Haus in Utah be-

Michael Connors und Robert Redford in *Lage hoffnungslos – aber nicht ernst*

ziehen und lebte dort im Kreis seiner Familie, wenn er sich mit ihr nicht gerade auf Europareise befand oder im Filmstudio eine neue Rolle probte.

Denn die Kinoadaption von „Barfuß im Park" war bereits Redfords sechster Film; 1965 und 1966 hatte er in vier weiteren Streifen mitgemischt – alles mehr oder minder wichtige Filme, von denen allerdings keiner besonders in Erinnerung geblieben ist.

Eine seiner schwächsten Komödien war wohl *Lage hoffnungslos, aber nicht ernst* (Situation Hopeless – But Not Serious, 1965) von dem deutschen Regisseur Gottfried Reinhardt. Der Film wurde auch in München gedreht, und es gibt Bilder, die zeigen, wie Redford mit seiner Familie durch Deutschlands heimliche Hauptstadt bummelt.

Der Hauptstar war Alec Guinness; er spielte den verschrobenen Herrn Frick, der zwei amerikanische Flieger nach dem Zweiten Weltkrieg noch jahrelang in seinem Haus versteckt hält und den Männern vorgaukelt, die Deutschen hätten den Krieg gewonnen.

Redford langweilte sich bei den Dreharbeiten und zeichnete ständig seine Kollegen Alec Guinness und Michael Connors. Die Bilder wurden in den Film aufgenommen und charakterisieren Redford als Zeichenkünstler. Der neue Aufenthalt in Europa gefiel dem Newcomer. Der Film war aber so mißlungen, daß er rasch in den Archiven verschwand.

Dann glänzte Robert Redford in zwei Filmen als Partner der mädchenhaften Natalie Wood, einem damals hell strahlenden Filmstern, der durch das Musical *West Side Story* (1961) zu Ruhm gekommen war.

In *Verdammte süße Welt* (Inside Daisy Clover, 1966) ist Natalie die minderjährige Teenie-Popsängerin Daisy Clover, die für kurze Zeit in die Glitzerwelt des Showbiz eintaucht, um dann ebenso spurlos aus ihr wieder zu verschwinden. Redford versuchte sich in der Rolle eines Filmstars, der als flatterhafter Liebhaber des Mädchens ebenfalls abhaut, nachdem er sie aus Publicitygründen heiraten mußte.

Er ärgerte sich, weil er die Figur als narzißtisch-selbstsüchtigen Charakter angelegt hatte, ihr Produzent Alan J. Pakula aber hinterher das Etikett des Homosexuellen aufklebte.

Zu seiner Rolle in dem zweiten Film, *Dieses Mädchen ist für alle* (This Property is Condemned, 1966), kam Redford, weil sich Natalie Wood für ihn starkmachte. Wie ein Freund des Stars einmal erläuter-

Robert Redford mit Natalie Wood in *Verdammte süße Welt*

Natalie Wood spielt die Popsängerin Daisy Clover und Robert Redford ihren unentschlossenen Liebhaber (*Verdammte süße Welt*)

Robert Redford als unschuldig gehetzter Häftling in *Ein Mann wird gejagt*

te: „Frauen arbeiten gern mit ihm, weil er sie nicht anmacht. Er erledigt seine Arbeit und ist rücksichtsvoll zu allen. Natalie mochte ihn wirklich. Sie veranstalteten nicht die Egotrips, die üblich sind, wenn sich zwei Stars auf dem Set begegnen." Zwischen Robert Redford und Natalie Wood entwickelte sich eine langjährige Freundschaft, die bis zum tragischen Tod Natalies bei einem Bootsunfall im Jahr 1981 auf Catalina Islands anhielt.

Doch obwohl bekannte Namen an der tristen Seifenoper aus dem Eisenbahnermilieu mitwirkten, wurde das Unternehmen ein mittleres Desaster.

Als Vorlage diente dem Film ein Einakter von Tennessee Williams, der aber seinen Namen zurückziehen wollte, als er das fertige Skript sah.

Ursprünglich sollten Liz Taylor und Richard Burton den Film drehen, aber daraus wurde nichts. Dann bekam Natalie den Film angeboten, und ehe Francis Ford Coppola, Fred Coe und Edith Sommer bei der letzten Drehbuchversion anlangten, hatten sich schon zwölf andere Autoren daran versucht.

Im Regiestuhl saß Sydney Pollack. Redford kannte ihn bereits als Schauspielkollegen aus seinem ersten Kinofilm, *Hinter feindlichen Linien,* hatte ihn nun aber plötzlich als Regisseur vor der Nase.

Auch für Pollack war die Situation nicht einfach, denn er sollte Redford Anweisungen für seine Rolle geben, doch der diskutierte gern, brachte seine eigenen Vorstellungen ein und richtete damit Konfusionen an. Dieses Verfahren stellte sich aber letzt-

Der Sheriff (Marlon Brando) versucht vergeblich, seinen Mann vor dem Mob zu retten (*Ein Mann wird gejagt*)

lich als Vorteil heraus. Pollack drehte im Lauf der Zeit ein paar recht beachtliche Filme, die ebenfalls Robert Redfords Ruhm mehrten, und der Regisseur ist inzwischen auch als Lehrer am Sundance-Filminstitut in Utah aktiv.

Die Probleme bei den Dreharbeiten summierten sich. Charles Bronson war mit seiner zu kleinen Rolle unzufrieden, die Einwohner von Bay St. Louis in Mississippi empörten sich darüber, daß ein so schmutziger Film in ihrem Ort gedreht wurde, und das unausgewogene Drehbuch zwang Pollack dazu, jeden Tag Szenen umzubauen. Man war nahe daran, ganz zur Improvisation überzugehen.

So war es kein Wunder, daß aus dem Film kein Meisterwerk wurde, aber immerhin erhielt der neue männliche Star anerkennende Kritiken. „Redford ist zu gut für den Film. Ebenso Kameramann James Wong Howe, der den meist absurden Situationen Glamour und Poesie einhaucht", urteilte NEWSDAY.

Redford war nach diesen Dreharbeiten so frustriert, daß er dem Film erst einmal den Rücken kehrte und sich und seiner Familie einen längeren Europaurlaub gönnte. In einem kleinen Ort in Spanien versteckten sich die Redfords für einige Monate; sie fühlten sich dort frei und anonym, bis sie doch von Touristen erkannt wurden. Danach zogen sie nach Kreta weiter.

Dann verkörperte er noch eine kleine, aber wichtige Rolle in *Ein Mann wird gejagt* (The Chase, 1966), einem konfliktbeladenen Milieu-Psychodrama. Auch hier hätte er die Hauptrolle übernehmen können, überließ sie jedoch großzügig Marlon Brando. Doch der große Rebell der fünfziger Jahre konnte daraus nicht viel machen.

Redford leistete sich inzwischen immer häufiger den Luxus, Angebote abzulehnen, doch seine Entscheidungen fielen nicht immer glücklich aus. Als ihm Mike Nichols vorschlug, den Collegeboy Benjamin in *Die Reifeprüfung* (The Graduate, 1967) zu übernehmen, empfand Redford die Rolle für sich als ungeeignet. So konnte Dustin Hoffman mit diesem Film zum Star aufsteigen. Auch die Hauptrolle in *Love Story* (1969) wollte Redford nicht spielen, doch das bedeutete wohl keinen großen Verlust für die Kinowelt.

IM WILDEN WESTEN

Mit *Barfuß im Park* wurde Robert Redford bekannt. Der Film verpaßte ihm aber ein Image, das nicht stimmte und das er auch nicht mochte: das des smarten, gestriegelten Anwalts aus New York City. Dagegen half nur eins: In den Sattel steigen, und auf in den Westen!

Drehbuchautor William Goldman hatte sechs Jahre darauf verwendet, den authentischen Lebensweg der berüchtigten Banditen Butch Cassidy und Sundance Kid zu recherchieren, die um die Jahrhundertwende im Südwesten Amerikas Züge überfallen und auch sonst wild um sich geballert hatten.

Goldmans Drehbuch war eine brillante Mischung aus Action, Humor, Pathos und Tragik, und er verkaufte es für stattliche vierhunderttausend Dollar an die Twentieth Century Fox. „Ich stellte die Outlaws als menschliche Wesen dar, mit Schwächen, Sinn für Humor und Selbstzweifeln."

Goldman hatte beim Verfassen des Skripts zwei Schauspieler im Sinn gehabt: Jack Lemmon als Butch und Paul Newman als Sundance.

Doch Richard Zanuck, der Boß der Fox, konnte sich nur absolutes Starkino vorstellen. Dabei blieb der Komiker Lemmon auf der Strecke, an seine Stelle sollte Steve McQueen treten. Mit der Regie wurde George Roy Hill betraut, der jedoch schnell herausfand, daß McQueen weder als Sundance noch als Butch geeignet war. Als Paul Newman dann noch verlangte, auf der Besetzungsliste an erster Stelle, also noch vor McQueen, zu stehen, stieg McQueen aus.

Nun bestand Hill darauf, Redford zu verpflichten, den er in dem Stück „Sunday in New York" gesehen hatte, stieß aber auf erheblichen Widerstand.

Das Hickhack zog sich noch eine Weile hin, wobei sich herausstellte, daß Redfords Image als Wallstreet-Anwalt ihm doch sehr im Weg stand. Vor allem Zanuck argumentierte, Redford sei kein „outdoor"-Typ, und man wüßte auch nicht, ob er sich prügeln könne. Der Studioboß versammelte den Stab in seinem Büro um sich und fragte, was sie von Marlon Brando als Butch hielten. Alle nickten, nur Hill hielt dagegen mit dem Vorschlag: Redford!

Zum Glück war Brando unauffindbar. Hill hatte bereits in New York mit Redford gesprochen, der einverstanden war, aber meinte, er sei besser als Sundance Kid. Er mußte wochenlang warten, bis man sich endlich auf ihn geeinigt hatte.

Hill bewunderte sein Durchhaltevermögen. Der ganze Poker um Redford lohnte sich am Ende. Paul Newman und er stellten sich als ideale Partner für den Film heraus.

Und auch Zanuck glaubte plötzlich, daß Redford die richtige Besetzung sei. Nach Beginn der Dreharbeiten hielt er ihn für einen Mann mit Starqualitäten, der viel von seiner eigenen Persönlichkeit in die Rolle einbrachte, von seiner störrischen und unabhängigen Haltung. „Er tendiert dazu, sich nach außen hin kühl und distanziert zu geben. Aber unter der rauhen Schale versteckt er viel Wärme."

Und genau diese Haltung war erforderlich, um den Banditen Sundance Kid zu einer sympathischen Figur zu machen, mit der sich die Fans identifizieren konnten.

Robert Redford als Sundance Kid und Paul Newman als Butch Cassidy in dem Superwestern *Zwei Banditen*

Robert Redford und Katharine Ross in *Zwei Banditen*

Newman, Redford und Hill hatten eine Menge Spaß beim Drehen, und diese Spielfreude spiegelt sich auch in dem fertigen Produkt, einem der schönsten Spätwestern, wider.

Paul Newman mokierte sich bei den Dreharbeiten über Redfords ewiges Zuspätkommen. „Sie wissen, daß Redford Linkshänder ist", sagte er Journalisten. „Ich würde den Titel des Films gern ändern in *Waiting for Lefty*." Newman, Hill und Redford spielten sich gern Streiche.

Sie trugen untereinander ein privates Autorennen aus, und Redford glaubte, er könne Hill eine Lektion in der Kunst des Fechtens erteilen, fiel dabei aber auf einen faulen Trick herein.

Da er einen Revolvermann spielen mußte, übte Redford immer wieder das schnelle Ziehen. Hill amüsierte sich über den Eifer seines neuen Helden und äußerte die Sorge, er könne sich vor lauter Übereifer versehentlich ins Bein schießen.

Nach seinem Auftritt als milchgesichtiger Bürgerssohn in der leichten Komödie *Barfuß im Regen* war Robert Redford mit scharfem Schnauzer und in staubiger Westernkleidung kaum wiederzuerkennen. Sein Ausdruck kann mit hart, lakonisch und schweigsam umschrieben werden.

Das Storyboard des Films ist einfach: Butch und Sundance überfallen mit der Hole-in-the-Wall-Gang zweimal den Union Pacific, beim zweitenmal setzt sich eine Gruppe Verfolger auf ihre Spur, die sie nicht abschütteln können. Sie fliehen mit Sundance's Freundin Etta nach Bolivien, überfallen Banken und werden am Ende von der Armee erschossen.

Schwerer zu beschreiben ist der Stil des Films, die authentische, fast dokumentarisch wirkende Bildsprache, die episch-lockere Erzählweise, die lakonischen Sprüche der beiden Banditen, denen „der Hintern weh tut vom vielen Reiten".

Unvergeßlich der Sprung der beiden Flüchtenden in einen Fluß, der in einer tiefen Schlucht des Canyons unter ihnen liegt, wobei Sundance behauptet, er könne nicht schwimmen.

Am Beginn schießt Sundance einem Pokerspieler, der ihn des Falschspielens

Duell in den Rockies: Robert Redford gegen „Willie Boy" Robert Blake in *Blutige Spur*.

bezichtigt, den Waffengurt von der Hose. Am Ende nutzt seine ganze Schießkunst nichts. Dazwischen vollführt Butch mit Etta Kunststücke auf dem Fahrrad zu dem Song „Raindrops keep Falling on my Head".

Der Ende der sechziger Jahre entstandene Film enthält auch systemkritische Züge: Die nicht abzuschüttelnden Verfolger der Banditen bleiben anonym, es handelt sich um ein Spezialteam, das „mehr kostet als das bißchen Geld, das wir geraubt haben", wie Butch erkennt. Zwei einzelne haben gegen den Apparat der Macht, der erbarmungslos zurückschlägt, keine Chance.

Zwei Banditen wurde einer der großen Erfolgsfilme in der Geschichte des Western. Robert Redford machte er über Nacht zum Superstar. Von allen Kiosken grinste ihm sein Konterfei entgegen. Sogar LIFE widmete ihm eine Titelgeschichte.

Redford war plötzlich ein vielbeschäftigter Star. Im Jahr 1969 stand er allein dreimal vor der Kamera. Neben dem Skirennas Chappellet in *Schußfahrt* spielte er auch noch einen Sheriff in dem Indianerwestern *Blutige Spur*. Die Dreharbeiten zu diesem Film waren bereits abgeschlossen, als George Roy Hill Redford für die Rolle des Sundance Kid in *Zwei Banditen* verpflichtete.

Der Verleih hielt *Blutige Spur* jedoch ohne Begründung zurück. Man kann aber davon ausgehen, daß man in dem Film politischen Sprengstoff vermutete, er konnte – nicht ganz zufällig – als Symbol für Vietnam gedeutet werden.

Doch als sich dann der Riesenerfolg von *Zwei Banditen* abzeichnete, kam auch *Blutige Spur* in die Kinos. Und so liefen innerhalb weniger Wochen drei neue Redford-Filme in den Filmtheatern an.

Blutige Spur greift den authentischen Fall einer Menschenjagd auf einen Indianer auf, der im Jahr 1909 den Vater seiner Freundin in einem Akt von Selbstverteidigung erschossen hatte. Redford war zuerst für die Rolle des Indianers vorgesehen; er entschloß sich aber, lieber den Sheriff zu verkörpern.

Redford setzte sich dafür ein, die Rolle der Rothaut von einem echten Indianer spielen zu lassen, konnte sich damit aber nicht durchsetzen.

Regisseur Abraham Polonsky konnte in diesem Film zum erstenmal nach zwanzig Jahren wieder arbeiten, denn er hatte infolge der Kommunistenhatz der McCarthy-Ära Berufsverbot bekommen.

Blutige Spur gehört zu den wenigen Filmen, in denen die Rothäute nicht von vornherein verteufelt werden. Für den Regisseur, der auch das Drehbuch schrieb (nach einem Roman von Harry Lawton), bedeutete der Film zudem eine Abrech-

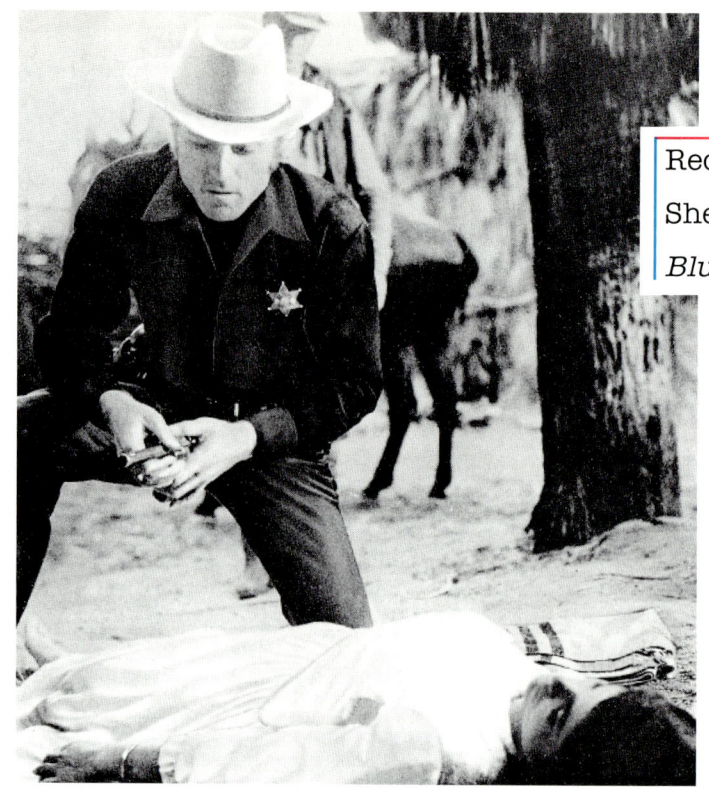

Redford als Sheriff Cooper in *Blutige Spur*

nung mit der amerikanischen Justiz. „Verdammt – dies ist kein Film über Indianer. Es ist ein Film über mich selbst".

Natürlich war er beides. Redford spielte den Sheriff, einen wilden, rauflustigen Burschen, weil er einen neutralen Standpunkt zuließ: „Am Anfang ist er ein untadeliger Mann. Wenn der Film endet, spürt man, daß er kompromittiert ist. Er macht eine Erfahrung und wächst dabei. Ich fand die Idee anziehend, einen einfachen Mann zu spielen, der wächst." Leider machte der spannende, etwas spröde Western keine große Kasse. Ein Kritiker schrieb über *Blutige Spur:* „Der Film wurde ein Klassiker, ohne je ein Erfolg gewesen zu sein."

1972 trat Redford als Protagonist des großen mythischen Western *Jeremiah Johnson* auf, der allerdings bei der Produktion große Probleme bereitete. Redford wollte schon seit längerem wieder einen Film mit seinem Freund Sydney Pollack drehen. Schließlich fanden sie eine geeignete Vorlage: die Geschichte eines Trappers, der einsam in der Wildnis lebt, dann Indianer tötet und ihre Leber ißt.

Der Anfang der Story gefiel Redford, allerdings hatte er Vorbehalte gegen das Killen von Indianern und die Wendung ins Kannibalistische. Den Verzehr der Leber ließ man fallen, und nach langem Nachdenken fand man eine plausible Erklärung für Johnsons Indianerhaß: Er hat eine Kavallerietruppe auf der Suche nach einem Siedlertreck über die heiligen Gräber der Crow-Indianer geführt, die daraufhin seine Familie ermorden.

Warner Brothers standen hinter dem Projekt und zahlten Redford einen Vorschuß von zweihunderttausend Dollar. Der Star brauchte das Geld dringend, denn sein Sundance-Projekt verschlang viel Geld.

Dann kam der Ärger. Warner wollte nur ein kleines Budget für den Western genehmigen und verlangte, daß mit Rückprojektion gearbeitet wurde. Letzteres war für Redford und Pollack unannehmbar. Andererseits konnte Redford den Vorschuß nicht zurückzahlen; er saß finanziell in der Klemme.

Da kamen die Freunde auf die rettende Idee, den Western in Redfords privater Wildnis in Colorado zu drehen. Man sparte den Ausstatter und schneiderte die abenteuerlichen Fetzen und Pelze, die der vollbärtige Wilde auf dem Leib trägt, selbst.

Jeremiah Johnson ist zivilisationsmüde und geht in die Wildnis, um Trapper zu werden. Der erste Winter wird hart, er überlebt nur mit knapper Not. Ein alter Fallensteller, Bear Claw, bringt ihm das Nötige bei, und Johnson findet sich besser zurecht.

Er trifft eine Frau, die nach einem Indianerüberfall vor Schmerz verrückt geworden ist, und nimmt ihren stummen Sohn Caleb auf ihren Wunsch mit. Einen Trapper haben die Blackfeet bis zum Hals in die Erde eingegraben, um ihn elend verhungern zu lassen. Johnson rettet ihn, worauf sich Del Gue rächt, indem er die Blackfeet skalpiert, nachdem er nachts in ihr Lager geschlichen ist.

Doch dieser Racheakt hat für Jeremiah positive Folgen. Als sie wieder auf Rothäute stoßen und ihm der heimtückische Del Gue die Skalps unterschiebt, wird er als Held gefeiert, denn es handelt sich um Flatheads, Feinde der Blackfeet. Johnson erhält als Belohnung eine Squaw und hat nun plötzlich Frau und Kind.

Allerdings spricht die Häuptlingstochter Swan kein Wort Englisch, und Caleb ist nach wie vor stumm. Doch ganz sachte findet eine Annäherung und Verständigung zwischen den dreien statt, und Jeremiah baut eine Hütte, um für Frau und Kind zu sorgen.

Dann passiert der tragische Vorfall mit der Kavallerietruppe. Als Jeremiah zurückkehrt, findet er nur noch seine abgebrannte Hütte sowie die Leichen von Frau und Kind vor.

Jeremiah Johnson nimmt grausame Rache und wird als Indianerkiller bei den Crow zu einer unbesiegbaren Legende. Der Schluß bleibt offen. Jeremiah ist des Tötens müde, grüßt aus der Ferne einen Häuptling der Crow und reitet davon.

Nachdem der Western in den sechziger Jahren immer stärker entmythologisiert worden war, bedeutete *Jeremiah Johnson* wieder eine Wendung zurück zu den romantisch-heroischen Balladen über die Besiedlung Amerikas. Geschildert wird der einsame Überlebenskampf des „mountain man", der sich gegenüber den Riten der Indianer, den Wölfen und der grausamen Wildheit der Natur behaupten muß.

Es ist eine der schönsten Rollen, die Robert Redford je gespielt hat. Allein seine einsiedlerisch-rauhe Erscheinung mit dem zerzausten blonden Vollbart, den blitzenden Augen und dem Mut der Verzweiflung, der ihn antreibt, macht den Film sehenswert.

Wesentlichen Anteil an der Gestaltung des Films hatte Drehbuchautor John Milius, der später bei Francis Ford Coppolas *Apocalypse Now* (1979) am Buch mitwirken und danach selbst mythische Fantasyfilme drehen sollte.

Der Film wurde von Warner nur im kleinen Rahmen gestartet, erhielt aber überwältigende Kritiken und mauserte sich schnell zu einem Publikumsrenner, der innerhalb kurzer Zeit allein in Kanada und den USA zweiundzwanzig Millionen Dollar einspielte. Ganz gegen die üblichen Regeln von Cannes wurde der Film 1972 bei diesem Festival von Robert Redford selbst vorgestellt und vom Publikum gefeiert.

„*Jeremiah Johnson* ist ein großer ... sensationell mythischer Western, er ist gleichzeitig wild, lustig, gewalttätig, eindringlich und rauh ... Redford ist glänzend als Johnson, er stellt sein herausragendes Talent in den Dienst einer anspruchsvollen Rolle, die vom Komischen ins Tragische umkippt", urteilte ein US-Kritiker. Und „Rousseauscher Zauber, zwischen Fallenstellern, Indianern, Grizzlies, ein Paradies als gerade noch erträgliche Hölle ...", schrieb die SÜDDEUTSCHE ZEITUNG.

In *Die drei Tage des Condor*, einem weiteren Film mit dem Regisseur von *Jeremiah Johnson*, verkörpert Robert Redford einen Agenten des Geheimdienstes, der durch eine Verschwörung innerhalb des CIA in eine alptraumhafte Lage gerät

DER UNBESTECHLICHE

Bereits in Robert Refords ersten drei Western zeichnete sich eine politische Aussage ab, deren kleinster gemeinsamer Nenner darin bestand, liberal und systemkritisch zu sein. Die Indianer werden nicht zu mordenden Wilden stilisiert, und die Weißen sind keine fleckenlosen Helden.

Bei Redfords folgendem Western, *Der elektrische Reiter* (The Electric Horseman, 1979), kann man schon nicht mehr von diesem Genre sprechen, allenfalls von einer traurigen Hommage an den spätesten Spätwestern.

Der „Held" posiert in einem mit Glühlämpchen verzierten Anzug als Werbefigur für einen Konzern, und als man sein Pferd aus kommerziellen Gründen mit Drogen betäubt, steigt er aus dem Geschäft aus, aber nicht vom Sattel und galoppiert in die Wildnis davon.

Seit Redford mit dem Triumph von *Zwei Banditen* zum Superstar avancierte, gehört er zu den wenigen Größen der Branche, die einen Film allein tragen.

Wenn er im Bild erscheint, füllt er die Leinwand ganz aus, ist er der sympathische Star mit Charisma, aber ohne große Gesten. Sein Lächeln ist unergründlich, und seine Züge verzaubern, denn sie bergen offensichtlich ein Geheimnis.

Als Robert Redford 1968 den Wahlkampf zwischen Richard Nixon und Hubert Humphrey auf dem Fernsehschirm verfolgte, kam ihm der Gedanke, daß hier ein wichtiges Filmthema auf der Straße liege. „Was ich sah, erschreckte mich. Es war alles so gestellt. Nixon wirkte wie eine Figur aus Madame Tussauds Wachsfigurenkabinett, so leblos ... Und dann schaltete ich zu Humphrey rüber und mußte sehen, wie er all das kaputtmachte, wofür er eigentlich eintrat, und das nahm ich ihm übel."

Redford recherchierte im Kennedy-Archiv und sprach mit Journalisten und Senatoren über das Thema. Dann rief er den Regisseur Michael Ritchie an und fragte ihn, was er von dem Stoff hielt. Ritchie war davon sehr angetan.

Es gab aber weder ein Drehbuch noch ein Studio, das den Film produzieren wollte. Im Gegenteil, ein politisches Thema, das lockt keinen Hund hinter dem Ofen hervor, lautete die Meinung der Bosse.

Redford wollte einen jungen idealistischen Anwalt in den Mittelpunkt stellen, der sich für Politik im Grunde nicht interessiert, sich von den Parteifreunden überreden läßt, dann selbst in deren Machenschaften verstrickt wird und immer mehr in Gefahr gerät, auch nur leere Worthülsen von sich zu geben, vom System vereinnahmt zu werden.

Redford ließ das Buch von dem Insider-Journalisten Jeremy Larner schreiben, und weil er als sturer Kopf nie aufgab, fand er schließlich auch ein Studio, Warner Brothers, denn dort saß inzwischen Richard Zanuck im Chefsessel.

Der Wahlkampf-Thriller *Der Kandidat* (The Candidate, 1972) war so authentisch und realistisch inszeniert, daß manche Zuschauer glaubten, es handele sich um eine „richtige" Kampagne für einen „echten" Senator.

Obwohl die Figur des Bill McKay distanziert angelegt war, spielte sie Redford je nach Situation hemdsärmelig oder in feinem Zwirn so brillant und differenziert, daß der Kritiker Max Reed urteilte: „Der

Robert Redford ist der „elektrische Reiter"

Die Frau an seiner Seite spielt Karen Carlson. Robert Redford in *Der Kandidat*

Kandidat ist nicht nur der interessanteste und unterhaltsamste Film, den ich je über amerikanische Politik gesehen habe, er bringt Robert Redford möglicherweise auch in die provokante Lage, Präsidentschaftskandidat zu werden ..."

Vielleicht weil er mit seinen stahlblauen Augen, dem goldenen Blondschopf und der sportlichen Idealfigur jenen elitär-offenen neuen Typus des Amerikaners verkörperte, der immer die richtige Botschaft vermittelte, die beispielsweise lautete: „Frage nicht, was dein Land für dich, sondern was du für dein Land tun kannst!"

Doch weder damals noch heute wollte oder will Robert Redford Präsident werden. Dazu müßte er zuviel von sich selbst aufgeben, wie er einmal gestand.

Und vielfach mißverstanden wurde laut Redford die Aussage des Films, die da heißt: „Wer würde in diesem System schon mitmischen wollen?" Dabei unterschätzte der Star wohl die charismatische Wirkung, die als Bill McKay von ihm ausging.

Man kann sagen, daß Robert Redford bereits in den siebziger Jahren immer wieder in stark politisch akzentuierten Filmen mitwirkte. Dazu zählt auch *So wie wir waren*, in dem er als Liebhaber, Ehemann und Kontrastfigur zu der linksradikalen Aktivistin Barbra Streisand einen unpolitischen Jungen aus der weißen Oberschicht spielte. Man kann den Film als Starvehikel oder heiße Love-Story sehen, die aber quasi nebenbei im Hintergrund die politischen Bewegungen in den USA um die Jahrhundertmitte spiegelt.

Einer der Höhepunkte auf diesem Feld war zweifellos der von Redford initiierte Watergate-Film *Die Unbestechlichen*. Der Star hatte die Filmrechte von Bernstein und Woodward, den beiden Reportern der WASHINGTON-POST für vierhundertfünfzigtausend Dollar schon vor Erscheinen ihres Buches gekauft.

Ein Problem bei der filmischen Umsetzung ergab sich zuerst dadurch, daß die beiden Journalisten nicht im Mittelpunkt des Falles stehen wollten. Woodward äußerte sogar Zweifel, ob es irgend jemand interessiere, „wie wir es gemacht haben". Er fürchtete, die Story könne nach einem Egotrip der beiden Reporter aussehen.

Die Sache löste sich aber von selbst, denn das Material war so unübersichtlich und kompliziert, daß gar nichts anderes übrigblieb, als die „story-line" an den beiden Akteuren aufzuhängen.

Im Wahlkampf wechselt der junge Herausforderer einen Händedruck mit seinem Widersacher (Don Porter und Robert Redford in *Der Kandidat*)

Die Reporter Bob Woodward (Robert Redford) und Carl Bernstein (Dustin Hoffman) bei gefährlichen Ermittlungen in der „Washington Post" (*Die Unbestechlichen*)

Dann kam erschwerend hinzu, daß die Zeitung nicht erlaubte, in ihren Redaktionsräumen zu drehen. Sie mußten im Studio mit großem Aufwand nachgebaut werden.

Eine Hauptschwierigkeit des Drehbuchs lag darin, daß es nach Redfords Eindruck nicht „spannend" war. Das hatte natürlich auch damit zu tun, daß jeder den Ausgang der Geschichte schon kannte.

Redford spielte die Rolle des Bob Woodward und engagierte als zweiten Hauptdarsteller Dustin Hoffman. Damit brachte er einen zusätzlichen Publikumsmagneten auf seine Seite. Dann entschied er sich bei der Regie für Alan J. Pakula, der es wie kein zweiter versteht, in seinen Filmen eine bedrohliche Atmosphäre zu erzeugen. Und das war in diesem Fall wichtig, um das Publikum zu fesseln.

Redford hatte drei Jahre Zeit in das Projekt investiert, und im November 1975

Robert Redford in *Die Unbestechlichen*

waren die Dreharbeiten beendet. Er hatte aus Zeitnot sogar die Hauptrolle in *Einer flog über das Kuckucksnest* (One Flew Over the Cuckoo's Nest, 1975) an Jack Nicholson abgegeben, obwohl er den Part selbst gern gespielt hätte.

Schließlich fieberten alle Beteiligten der Premiere entgegen, und Redford befürchtete ein Desaster, denn möglicherweise wollten seine Landsleute Watergate endlich vergessen und von dem ganzen Skandal nichts mehr wissen.

Doch zum Glück kam es anders. Der Thriller wurde ein gigantischer Erfolg an der Kinokasse und zählte bald zu den erfolgreichsten Politfilmen aller Zeiten.

Redford gab zu, daß der große Erfolg eine erfreuliche Überraschung für ihn darstellte. „Der Film, den ich machen wollte, war wirklich auf der Leinwand zu sehen: ein Film über die Wahrheit und wie wir sie beinahe nicht erfahren hätten."

Die amerikanische Presse feierte *Die Unbestechlichen* überschwenglich. John Simon empfahl: „Man sollte ihn zweimal sehen, einmal wegen des Ganzen und dann wegen der Darsteller."

Auch die deutsche Kritik äußerte sich wohlwollend. „Das Unheimliche und das Bedrohliche des Films liegt darin, daß von den Hintermännern dieses Einbruchs nichts zu erfahren ist, daß Spuren verwischt werden, Dokumente und Akten verschwinden, daß Handlanger und Mitwisser, von Angst gezeichnet, sich in eine Wolke des Schweigens einnebeln. Der einzige Informant des unterschiedlichen Reportergespanns Woodward und Bernstein bleibt anonym ... Sie nennen den Informanten, dem sie einzig in einer Tiefgarage begegnen, sarkastisch ‚Deep Throat' nach dem Namen und Titelsong des abgründig-ironischen amerikanischen Hardcore-Films. Deep Throat rät den beiden,

Als Gefängnisreformer Brubaker

dem Geld nachzugehen, den Bestechungs- und Schweigedollars ..." Und dann verglich die Kritikerin der FRANKFURTER ALLGEMEINEN ZEITUNG, Brigitte Jeremias, *Die Unbestechlichen* immerhin mit einem Meisterwerk der Filmgeschichte, mit Orson Wells' *Citizen Kane* (1941), und bemerkte zu Redfords Film, er „bleibt näher an der Wirklichkeit, am Dokument und will direkter in die Demokratie wirken".

Und das ist wohl Redfords größtes Verdienst. Daß er mit seinem Film nicht nur eine mutige journalistische Leistung ins Licht der Öffentlichkeit rückte, sondern darüber hinaus auch etwas der Kleinbürgerideologie entgegensetzte, die da lautet, man könne als einzelner sowieso nichts erreichen „gegen die da oben".

Daß es Redford nicht genügt, sein Ge-

Redford tarnt sich als Häftling, um die Situation der Gefangenen unbeobachtet studieren zu können (*Brubaker*)

Kampf des „lonesome man" gegen eine korrupte Übermacht (Robert Redford in *Brubaker*)

sicht als umschwärmter Star in die Kamera zu halten, bewies ein Film wie *Brubaker*, in dem es ihm ebenfalls um den Kern der Sache ging: diesmal um die Mißstände im amerikanischen Strafvollzug, die dort herrschende Willkür und Brutalität sowie die Korruption der beteiligten Beamten und Politiker.

Ähnlich wie in *Die Unbestechlichen* griff Redford dabei auf einen authentischen Fall zurück. Die Grundlage seines Films bildeten die Aufzeichnungen des amerikanischen Gefängnisdirektors Thomas Morton.

Daß Redford nicht als blauäugiger Idealist und Weltverbesserer an seine Themen herangeht, wie ihm oft vorgeworfen wird, demonstriert der Schluß des Films: Sein Gefängnisreformer kann zwar das Subsystem aus Angst, Geschäftemacherei, Terror und Mord vorübergehend unterbinden, er scheitert aber am Ende an der Macht der verlogenen Politiker, die alles vertuschen – Brubaker wird gefeuert und durch einen bequemen Mann ersetzt.

LITERATUR, FLOPS UND EINE FREUNDSCHAFT

Robert Redfords Karriere zerfällt in verschiedene, recht unterschiedliche Stadien. Seinen frühen Filmen aus den sechziger Jahren haftet etwas Zufälliges, Beliebiges an, er selbst prägte sich zwar als Charakter ein, die Filme aber kaum.

Dann versuchte er sich in einer Reihe von Komödien, beginnend mit *Barfuß im Park* bis zu *Sneakers – Die Lautlosen* (Sneakers, 1992), die Redfords burleskes Talent offenbarten.

In der mittleren Phase folgten vier Western mit dem Welterfolg *Zwei Banditen*, der Redford als coolen, wortkargen Sundance Kid zum Superstar avancieren ließ.

In der nächsten Kategorie konzentrierte sich der Star auf sozialkritisch akzentuierte Filme mit politischem Inhalt wie *Die Unbestechlichen* oder *Brubaker*. Dabei war

Robert Redford als reicher Snob in *Der große Gatsby*

Eine zauberhafte und leidenschaftliche Romanze mit Mia Farrow in *Der große Gatsby*

unübersehbar, daß Robert Redford weg wollte von der leichten Fastfood-Kost, aus der Hollywood-Produkte seiner Meinung nach hauptsächlich bestehen. Gutes Kino müsse Unterhaltung und Information bieten, ein Film mit einer sozialen oder politischen Botschaft solle auf humorvoll-leichte Art präsentiert werden, nicht als trockene Predigt.

Durch seinen Status als publikumsträchtiger Star gewann er immer mehr Einfluß auf die Auswahl seiner Stoffe. Er begann sich an der Produktion zu beteiligen und übernahm schließlich selbst die Regie. Doch davon im nächsten Kapitel.

Zwischendurch trat Robert Redford, der Unbequeme, auch in den sogenannten Hochglanzfilmen der Traumfabrik auf. Obwohl er den Starrummel und das damit verbundene Fegefeuer der Eitelkeiten verabscheute.

Zum anderen hat Redford bewußt seine Gegenwelt inszeniert: das Sundance-Filminstitut auf seinem eigenen Gelände in Utah, das junge Filmemacher unterstützt und auch selbst Zelluloid produziert.

Eine jener Großproduktionen mit falschem Glanz war die High-Society-Schmonzette *Der große Gatsby* (The Great Gatsby, 1974) nach einem Roman von Scott Fitzgerald, der eigentlich als unverfilmbar gilt.

Redford mußte sich das Haar braun färben lassen sowie weiße Anzüge tragen, und er meinte dazu, dies sei dem Charakter des Helden angemessen, seinem linkisch maroden Charme und seiner ungelenken Gestik. Der Film wurde einer der größten Flops, an denen Robert Redford mitwirkte.

Natürlich legte der Riesenerfolg von *Zwei Banditen* den Gedanken nahe, die beiden Stars Paul Newman und Robert Redford ein zweitesmal vor die Kamera zu bringen. Dies gelang Regisseur George Roy Hill 1973 mit dem burlesken Banditenstück *Der Clou*, allerdings erst nach komplizierten Verhandlungen.

Redford meldete zuerst Bedenken gegen die zu komplizierte Story an, und für Newman wirkte die Rolle anfangs zu mickrig. Doch dann hatten sie wieder viel Spaß bei den Dreharbeiten, und *Der Clou* übertraf an der Kinokasse noch den Erfolg des Butch-Cassidy-Sundance-Kid-Western.

Ein anderer erfolgreicher und mit Oscars ausgezeichneter Film war *Jenseits von Afrika* (Out of Africa, 1985), wieder eine Literaturverfilmung und wieder ein Hochglanzprodukt.

Redfords Freund Sydney Pollack hatte schon seit langem geplant, die Lebenserinnerungen der dänischen Schriftstellerin Tania Blixen, „Afrika, dunkel lockende Welt", zu verfilmen, über die Hemingway einst sagte, sie habe ihren Nobelpreis verdient.

Pollack erläuterte: „Eine empfindsame, intelligente Frau lernt in Afrika eine Art Paradies kennen und verlieren – sehen Sie, das ist die ganze Geschichte". Gleichzeitig

Robert Redford in dem burlesken Gangsterfilm *Der Clou*

Mit seinem Freund, dem Regisseur Sydney Pollack, drehte Redford bislang sieben Filme

schwärmte der Regisseur von der Sprache der Dichterin, „ihrer poetischen Kraft und ihrer Fähigkeit, große Wahrheiten in kleinen spezifischen Details zu entdecken".

Natürlich war sich Pollack der Schwierigkeit bewußt, diese literarische Vorlage adäquat umzusetzen, denn in Blixens Buch „gibt es keine bemerkenswerten Ereignisse, kein ‚und was geschah dann'."

Da innere Monologe im Kino schwer darstellbar sind, machte Pollack das, was filmisch angemessen erscheint: Er setzte auf eine exotisch fremde Welt, auf wilde Tiere, Sonnenuntergänge, Landschafstotale, vergaß aber dabei nie die kleinen Details, die Tania Blixen so präzise beschreibt.

Etwa die weißen Handschuhe, die die Herrin dem schwarzen Diener überstreift, um dann zu erkennen, daß das doch keine so gute Idee gewesen sei. Oder die Wandlung Karen Blixens, die sich darin dokumentiert, daß sie sich bei ihrer Ankunft nur Sorgen um ihr Porzellan macht und bei der Abreise um ihre Eingeborenen, für die sie sich vehement einsetzt.

Karen heiratet 1913 nicht aus Liebe, sondern des Titels wegen den Baron Bror Blixen und geht mit ihm nach Afrika. Die beiden betreiben dort – mit Karens Geld – eine Kaffeeplantage. Sie muß aber erkennen, daß ihr Ehemann ein Nichtsnutz ist und seine einzige Leidenschaft der Jagd gilt – nach Großwild und Weiberröcken.

Sie trennt sich von ihm und schenkt ihre Liebe dem britischen Abenteurer, Flieger und Jäger Denys Finch Hatton, gespielt von Robert Redford, einem zwar feinsinnig-einfühlsamen Mann, der aber bindungsscheu ist und kommt und geht, wie es ihm gefällt.

Um so romantischer sind die kurzen Stunden, in denen die beiden in ihrem Glück schwelgen, etwa mitten im Urwald zu den Klängen einer Mozartsymphonie aus dem Trichtergrammophon. Oder wenn Denys Karen in seinem Sportflugzeug auf seinen faszinierenden Flügen über die Wälder und Steppen Afrikas mitnimmt.

Als sich am Ende Denys doch entschließt, sie zu heiraten, verunglückt er tödlich mit seiner Maschine. Karen, die nach Dänemark zurückgeht, bleibt nichts als die Erinnerung.

Sydney Pollack meinte, die hochgradige Gespanntheit des Films entstünde, weil er ein Gefühl des Verlorenseins ausdrückt: „Man sieht etwas, aber eigentlich wirkt

Im Mittelpunkt der nostalgisch-epischen Mammutproduktion *Jenseits von Afrika* steht die Liebesromanze zwischen dem Großwildjäger Finch Hatton (Robert Redford) und der Plantagenbesitzerin Karen Blixen (Meryl Streep)

Der Film fasziniert nicht zuletzt durch seine grandiosen Landschaftsbilder (*Jenseits von Afrika*)

Robert Redford als unbestechlich-charmanter Staatsanwalt ist dem Intrigenspiel zweier Frauen nicht gewachsen (*Staatsanwälte küßt man nicht*)

etwas ganz anderes: der Rhythmus. Der Rhythmus ist wie ein Geruch, den man wahrnimmt, aber nicht bemerkt."

Und über seinen Freund und Star Robert Redford äußerte er: „Er ist eine Art gespaltener Schauspieler. Und zwar in dem Sinne, daß er ein viel komplizierterer Mann ist, als er zunächst anzeigt. Er ist ein Mann, der sich während der Arbeit irgendwo im Innern zurückhält. Da ist stets irgend etwas, das bei ihm nicht erreichbar ist, das aber zur Folge hat, daß man sich für ihn interessiert."

Aufregend waren die Dreharbeiten im dunklen Kontinent. So mußte das Filmteam eigene Löwen mitbringen, denn in Kenia dürfen diese Tiere „nicht angefaßt werden für so ein Spiel".

Für Robert Redford gehörte die Zeit, die er während der Dreharbeiten in Afrika verbrachte, zu den interessantesten Phasen seines Lebens. „Die ursprüngliche Wildnis und die Arbeit mit den einfachen Menschen der Steppe, der monatelange Aufenthalt im Freien, die Geschichte, die wir verfilmten – alles war faszinierend."

Hans-Dieter Seidl urteilte in der FRANKFURTER ALLGEMEINEN ZEITUNG über seine Darstellung: „Redford in der Rolle des souverän weltläufigen Abenteurers Finch Hatton entfaltet einen leicht angegrauten Charme, der im Umgang mit der verehrten und doch auf Distanz gehaltenen Frau jeder Draufgängerpose enträt."

Robert Redford fand sich selbst in der Rolle eher schattenhaft und blutleer. Deshalb spielte er anschließend in einer leichten, spritzigen Komödie, *Staatsanwälte küßt man nicht* (Legal Eagles, 1986), einen lebensechten augenzwinkernden Verführer.

Sydney Pollack führte bisher bei sieben Filmen mit dem Darsteller Redford Regie. Sieht man einmal von einer leichten Kost

Robert Redford mit Debra Winger

Robert Redford mit Daryl Hannah

Robert Redford mit seiner „Tochter" Jeannie Dundas (alle drei aus *Staatsanwälte küßt man nicht*)

Die Affäre zwischen dem hartgesottenen Spieler Jack Weil (Robert Redford) und der schönen Revolutionärin Roberta Duran (Lena Olin) in *Havanna* erinnert allzu verdächtig an den Kultklassiker *Casablanca*

Redford als Zockerkönig in *Havanna*

Sidney Poitier und Robert Redford in der amüsanten High-Tech-Komödie *Sneakers – Die Lautlosen*

wie dem Agententhriller *Die drei Tage des Condor* (Three Days of the Condor, 1975) ab, so waren es zumindest vom Konzept her immer anspruchsvolle Produktionen, denn vor allem eins verbindet die beiden Freunde: ihr literarisch-gesellschaftskritisches Interesse.

Vor diesem Hintergrund entstand auch ihr bisher letzter gemeinsamer Film, *Havanna* (1990). Pollack stellte sich die Frage, weshalb in Hollywood noch nie ein Regisseur auf die Idee gekommen war, den kubanischen Freiheitskampf der Revolutionäre Fidel Castros gegen den brutalen Diktator Batista zu thematisieren.

Da es kein anderer tat, drehte er diesen Film. Wobei sich für ihn gesellschaftliche Fragen immer in individuellen, sprich einer persönlichen Beziehung, reflektieren und umgekehrt. Pollack erläuterte einmal: „Die Beziehungen zwischen einer Frau und einem Mann sind zugleich der Mikrokosmos für alles andere, was auf der Welt passiert: politisch, moralisch, sozial."

Mit dieser Auffassung hatte Pollack fast immer recht und auch Erfolg, doch bei *Havanna* gelang es ihm offensichtlich nicht, sein Konzept schlüssig umzusetzen.

Um es vorwegzunehmen: Der Film wurde ein Riesenflop und besonders für Robert Redford eine herbe Enttäuschung. Ob der Mißerfolg daran lag, daß sich heute womöglich niemand mehr für Castros Revoluzzer interessiert, oder ob die glutäugigen Helden zu klischeehaft „Viva la Revolución!" schrien, ist nicht leicht zu entscheiden.

Außerdem machte die Kritik unübersehbare Parallelen zwischen *Havanna* und dem Kultklassiker *Casablanca* (1942) aus, wobei der Vergleich sehr zuungunsten der kubanischen Revolutionsoperette ausfiel.

Lena Olin war zwar eine attraktive Partnerin für Redford, sie verbreitete aber nicht diesen innigen, von Tragik umschatteten Schmelz der Jugend wie Ingrid Bergman. Und Redford selbst mimte einen im Kern unpolitischen, aber edelmütigen Spieler so wie Bogart seinen hartgesottenen Rick, aber irgendwie riß die Love-Story niemanden vom Hocker, und Robert Redford als moralischer Sieger sah am Ende nur müde aus, als sei er froh, den Film endlich im Kasten zu haben.

Beim Vergleich mit *Casablanca* überschlugen sich die Rezensenten an hämischen Bemerkungen über *Havanna*. „Daß man einer Ikone wie *Casablanca* wohl nur noch parodistisch beikommen kann, zeigte schon Woody Allens *Mach's noch einmal, Sam*", schrieb CINEMA. Und der FAZ-Kritiker mußmaßte, der Film sei deshalb mißlungen, „weil die Liebesgeschichte, auf die der Regisseur setzt, niemals so zum Tragen kommt, daß der Zuschauer emotional richtig gefordert wäre; und weil der politische Hintergrund im Kuba der ausgehenden fünfziger Jahre, wo sich die Begegnung zwischen einem amerikanischen Glücksspieler und einer revolutionären Idealistin abspielt, völlig im Diffusen bleibt".

Robert Redford, nicht mehr daran gewöhnt, von der Kritik auch einmal verrissen zu werden, reagierte wütend und interpretierte seine Rolle so: „Dabei handelt es sich um einen Abenteurer, dem die Zeiten zugesetzt haben. Das habe ich dargestellt mit der Müdigkeit eines Mannes, der alles gesehen hat und noch einmal einen letzten Coup landen will."

Diesen letzten Coup konnte er nicht landen. Doch Redford ließ nicht locker, und schon sein nächster Film, die Komödie *Sneakers – Die Lautlosen*, wurde wieder einer der erfolgreichsten Lichtspiele der Saison.

Donald Sutherland und Mary Tyler Moore in *Eine ganz normale Familie*, Redfords erste Regiearbeit, für die er vier Oscars gewann

„KÖNIG DER BERGE"

Ende der siebziger Jahre bereitete Redford seinen ersten eigenen Film vor. Er hatte die Rechte an dem Roman „Ordinary People" der amerikanischen Schriftstellerin Judith Guest gekauft und machte sich nun daran, das Buch in eigener Regie und in der von ihm gegründeten Produktionsgesellschaft Wildwood Enterprises zu verfilmen.

Es ging darin um eine durchschnittliche Familie aus dem gehobenen Bürgertum, die durch den Unfalltod eines Sohnes in eine schwere innere Krise stürzt. Der Film wagte den Versuch, mit einer eher unspektakulären Story über „family life" einen kritischen Kommentar zum amerikanischen Alltagsleben abzuliefern.

Auch das scheint typisch für einen Mann wie Redford zu sein, daß er weder eine Psychokrimi-Love-Story noch ein Fantasy-Abenteuer-Spektakel auswählte, was vielleicht mehr im Trend gelegen und größere Gewinnchancen versprochen hätte, als er als Regisseur an der Reihe war, sondern einen Fall aus dem „richtigen Leben".

Ob er Probleme hätte, Schauspieler zu führen, wurde Redford gefragt. „Nicht im geringsten", lautete seine Antwort. „Ich verstehe, wie sie arbeiten. Ich fühle mich ihnen sehr nahe."

Er käme auch nie in Versuchung, einem Schauspieler seine Rolle „vorzuspielen". Bei Redford wird viel improvisiert, wenn er im Regiestuhl sitzt: „Ich filme, als würde ich ein Bild malen. Das Drehbuch ist eine flüchtige Bleistiftskizze, die Schauspieler sind meine Farben, die technischen Geräte meine Palette, mein Pinsel, meine Leinwand."

Robert Redford war selbst am meisten überrascht, als er für seinen Erstling *Eine ganz normale Familie* (Ordinary People, 1980), der bei den Berliner Filmfestspielen von 1981 seine deutsche Uraufführung erlebte, gleich vier Oscars einheimste. Immerhin war der Star als Schauspieler schon mehrmals für die begehrte Trophäe nominiert worden, hatte sie aber noch nie gewinnen können.

Es dauerte immerhin acht Jahre, ehe Redford seine zweite Regiearbeit abliefern konnte. *Milagro – Der Krieg im Bohnenfeld* schildert den Kampf einiger kleiner Farmer gegen einen Baulöwen, der ein ganzes Dorf aufkaufen und in einen sterilen Freizeitpark verwandeln will.

Redford verbrachte mit seinen Autoren viel Zeit, um aus dem sechshundertdreißig Seiten umfassenden Roman von

Robert Redford als Regisseur hinter der Kamera während der Dreharbeiten zu *Aus der Mitte entspringt ein Fluß*

Redford gibt seiner Darstellerin Sonia Braga Regieanweisungen (*Milagro – Der Krieg im Bohnenfeld*)

John Nichols ein brauchbares Drehbuch zu entwickeln; danach stritt er sich mit anderen Produzenten um die Rechte und mit der Gemeinde in New Mexico um die Drehgenehmigung, ehe der Film endlich in Produktion gehen konnte.

Die bärtigen, schon etwas bejahrten Kleinbauern holen ihre verrosteten alten Knarren aus dem Schrank und leisten erfolgreich Widerstand gegen einen profitgierigen Immobilienhai, der in ihrer natürlich gewachsenen Umwelt Hotels, Golfplätze und sogar einen künstlichen See anlegen will. Wunschdenken eines engagierten Filmemachers, ein Ökomärchen gar?

„Das Dörfchen wird uns als ansehnliche Versammlung liebevoller Originale und wackerer, bescheidener Alltagshelden vorgeführt", urteilte TIP, um dann zu resümieren, daß der Film in seiner Schwarzweißdramaturgie doch hart am Rande romantischer Klischees angesiedelt sei. „Nie werden eine wirkliche Bedrohung oder die Härte des authentischen Falls, auf den sich Redford beruft, spürbar, sondern stets herrscht der Märchenton vor, der Harmoniezwang eines Regisseurs, der nicht anecken möchte."

Auch wenn seine Geschichte von der bizarren Bohnenfarmer-Rebellion gegen das böse Großkapital allzu glatt aufgeht und märchenhafte Züge trägt, kann man Redford nun wirklich nicht vorwerfen, er hätte Angst davor, irgendwo anzuecken.

Dazu hat er schon zu viele kompromißlose Filme gedreht und sich in einem zwei Jahrzehnte währenden Kampf für eine saubere Umwelt zu viele real existierende Feinde geschaffen.

Jedenfalls fand *Milagro* auf dem Filmfestival von Cannes 1988 eine begeisterte Aufnahme, wie auch seine Botschaft, die da lautet: „Wir verlieren rapide unsere natürliche Umgebung und damit unsere Traditionen, unsere kulturellen Wurzeln." (Robert Redford)

In einem anderen Kontext hat der Regisseur und Naturfreund Robert Redford mit seinem dritten Film, *Aus der Mitte entspringt ein Fluß* (A River Runs Through it, 1993), diese Thematik mit einer epischen

Chick Venera und Julie Carmen in *Milagro – Der Krieg im Bohnenfeld*

Ballade, die Religion und Angeln zu einer Philosophie verbindet, wieder aufgenommen.

Wie immer machte es sich Redford schwer, als er viel Mühe darauf verwandte, die Filmrechte an dem Buch von Norman Maclean zu erwerben. Denn die autobiographische Novelle handelt von einem Mann, der sich beim Fliegenfischen seinen nostalgischen Erinnerungen hingibt – zweifellos ein schwer verfilmbarer Stoff.

Redford erläuterte: „Es ist die Geschichte einer Familie in Montana, wo die Berge blau, die Bäche noch durchsichtig sind. Ein strenger, harscher Vater, zwei Söhne, die aufbegehren. Was sie vereint, ist die Liebe zum Fischen."

Die in ruhigem erzählerischem Fluß dahingleitende Geschichte aus den zwanziger Jahren stellt zwei Brüder in den Mittelpunkt, die sich sehr unterschiedlich entwickeln. Für den Vater hat der Fluß eine mystische Bedeutung, er ist die Quelle, welche die Botschaft Gottes über alle Grenzen trägt.

„Wie schon in *Eine ganz normale Familie* und *Milagro* erzählt der Schauspieler und Regisseur wieder von den Schwierigkeiten des Zusammenlebens, der Unfähigkeit zur Kommunikation ... Redford zeigt viel Idylle, doch er mischt intelligente Trauer in seine Bilder", urteilte die MÜNCHNER ABENDZEITUNG über den Film.

Der bisher letzte Film mit dem Schauspieler und Superstar Robert Redford, *Ein unmoralisches Angebot* (Indecent Proposal, 1993), in dem er als Partner der attraktiven, dunkelhaarigen Demi Moore auftrat, wirbelte besonders in den USA viel Staub auf. Redford als charismatischer Selfmade-Milliardär will eine bezahlte Nacht mit der Schönen verbringen, was nicht nur Probleme mit ihrem Mann auslöst.

In der amerikanischen Originalversion fehlen die „heißen" Liebesszenen zwischen Redford und Demi Moore, die nötig wären, um die sich entwickelnde echte Passion zwischen dem sympathischen Milliardär und seiner Geliebten für eine Nacht nachvollziehbar zu machen. Da Redford in diesem Fall sowieso gedoubelt war und die Konstruktion des Films einer Seifenblase gleicht, die allzu schnell platzt, ist dieser Zensurakt leicht zu verschmerzen. Regisseur des heiß-kalten Erotikons war Adrian Lyne, der erstmals mit dem sado-masochistischen Softporno *9 1/2 Wochen* (9 1/2 Weeks, 1985) Aufsehen erregte.

Redford hat zu seinem Grundstück in Utah im Lauf der Jahre weiteres Land dazu erworben. Sein Besitz ist inzwischen fast neunmal so groß wie das Fürstentum Monaco. Er liegt einundzwanzig Kilometer von der Stadt Provo entfernt und ist ein Skiparadies mit eigenem Lift, einem Hotel, Wohnungen, Pferdestallungen und einem traumhaft schönen See für Anglerfreunde.

Daneben hat er eine Filmschule gegründet, die junge Talente für das Kino fördert. „Ich verdanke dem Film viel. Mit

Fliegenfischen ist mehr als ein Sport in *Aus der Mitte entspringt ein Fluß*

Craig Sheffer, Tom Skerritt und Brad Pitt in *Aus der Mitte entspringt ein Fluß*

dem Sundance-Institut will ich wenigstens einen Teil davon zurückzahlen."

Mit seiner Filmgesellschaft Wildwood Enterprises hat Redford nicht nur eigene Filme wie *Eine ganz normale Familie* produziert, sondern auch Arbeiten von jungen, unabhängigen Nachwuchstalenten.

In Park City veranstaltet Redford seit 1981 einmal im Jahr ein kleines Festival, das jungen Regisseuren eine Chance gibt, ihre Filme vorzustellen. So gehörte zu den Entdeckungen einst Steven Soderberghs *Sex, Lügen und Video* (Sex, Lies and Videotape, 1989) oder im Jahr 1993 Jennifer Lynchs *Boxing Helena*.

„Sundance ist ein Festival des kreativen Austauschs", interpretiert Redford seine Einrichtung. „Hollywood fesselt sich selbst mit der Idee, der Star mache den Erfolg und sonst nichts. Manager und Primadonnen diktieren das Busineß, Ego und Gier stehen hinter jedem Projekt. Die Kasse, nicht das Thema zählt. Erneuerung muß von den Außenseitern kommen. Vielleicht trägt das Sundance-Institut dazu bei."

Ein merkwürdiger Widerspruch, denn immerhin hat Robert Redford selbst seine Erfolge als der große Star errungen, der er aber gar nicht sein will.

Er hat sein Privatleben immer streng von der Öffentlichkeit abgeschirmt. Trotzdem konnte nicht verborgen bleiben, daß auch seine Ehe eines Tages in die Brüche ging. 1985 bat ihn seine Frau Lola, aus dem gemeinsamen Apartment in Manhattan auszuziehen. Die beiden leben seither getrennt. Robert Redfords neueste Freundin heißt Kathy O'Rear und ist Bühnenbildnerin.

Inzwischen ist sein vertrautes Gesicht etwas zerknittert und vom Alter gezeichnet, aber immer noch schön – und man entdeckt keinerlei Selbstzufriedenheit in ihm.

Robert Redford hat neben dem Film auch andere Interessen. Er war mit einer Expedition am Mount Everest und hat mit Wissenschaftlern in Afrika nach Steinzeitknochen gegraben.

Als sich 1989 im Prinz-Williams-Sund eine Katastrophe ereignete, weil der Tanker „Exxon Valdes" seine Ölladung verlor, sollte in der Spitze des Konzerns Platz für einen Umweltbeauftragten geschaffen werden, und Redford wurde gefragt, ob er den Posten übernehmen wolle. Er lehnte aber ab.

Robert Redford ist jedoch seit vielen Jahren Vorstandsmitglied in zwei der wichtigsten amerikanischen Umweltorganisationen: dem Environment Defense Fund und dem Natural Resources Defense Council, und er wirbt für Sonnenenergie in Utah.

Außerdem ist er Produzent des Dokumentarfilms *The Solar Film* und hat als Sprecher an der Dokumentation *Incident at Oglala* von Michael Apted mitgewirkt, die einen nie vollständig aufgeklärten Mord an zwei FBI-Beamten in einem Indianerreservat behandelt. Zudem ist Redford Autor des Buches „The Outlaw Train", denn er hat sich ausführlich mit dem Leben der sogenannten Gesetzlosen beschäftigt.

Und er will weiter Filme „über unsere Geschichte, unsere Kultur, unsere Mythen machen".

Robert Redford lehnt nichts so sehr ab wie Schminke und falschen Glitzer. Natur wird bei ihm ganz groß geschrieben. Nach dem Mißerfolg von *Havanna* sagte er: „Ein Leben lang habe ich versucht, den Glamour zu meiden. Ich lasse mich auch jetzt nicht rumkriegen, irgend etwas an mir operieren zu lassen ... Man soll mich akzeptieren, wie ich bin. Laßt mich in Ruhe altern. Sollte das Publikum mich wirklich nicht mehr sehen wollen – es gibt genug anderes zu tun."

Demi Moore und Robert Redford in *Ein unmoralisches Angebot*

Robert Redford mit seiner neuen Freundin und Lebensgefährtin Kathy O'Rear

FILMOGRAPHIE

Robert Redford in *Ein unmoralisches Angebot*

Hinter feindlichen Linien

(War Hunt)

USA 1962. R: Denis Sanders. B: Stanford Whitmore. K: Ted McCord. M: Bud Shank. P: United Artists. L: 81 Min.
D: John Saxon (Raymond Endore), Robert Redford (Roy Loomis), Charles Aidman (Captain Wallace Pratt), Sydney Pollack (Sergeant van Horn), Gavin McLeod (Crotty), Tommy Matsuda, Tom Skerritt, Tony Ray.
Der junge Soldat John Saxon entdeckt im Koreakrieg die Lust am Töten und steigert sich in einen Killerrausch. Sein Kamerad Robert Redford, der neu zur Truppe stößt, durchschaut die Situation, kann aber das tragische Ende nicht verhindern. Psychologisches Kriegsdrama mit einer Rarität: Redford trägt einen Stahlhelm.

Lage hoffnungslos – aber nicht ernst

(Situation Hopeless - But Not Serious)

USA 1965. R: Gottfried Reinhardt. B: Silvia Reinhardt, nach dem Roman „Hiding Place" von Robert Shaw. K: Kurt Hasse. M: Harold Byrns. P: Paramount. L: 97 Min.
D: Alec Guinness (Herr Frick), Michael Connors (Lucky), Robert Redford (Hank), Anita Höfer (Edeltraud), Mady Rahl (Lissie), Paul Dahlke (Herr Neusel), Frank Wolff, John Briley, Elisabeth von Molo, Carola Regnier.
November 1944: Zwei amerikanische Flieger werden über Deutschland abgeschossen, können sich aber mit dem Fallschirm retten. Ein komischer Kauz versteckt sie noch Jahre über das Kriegsende hinaus im Keller seines Hauses und läßt

VERZEICHNIS DER ABKÜRZUNGEN:

R: Regie
B: Buch
K: Kamera
M: Musik
P: Produktion
L: Länge
D: Darsteller
Jahreszahl: Jahr der Uraufführung

Michael Connors und Robert Redford in *Lage hoffnungslos, aber nicht ernst*

sie in dem Glauben, die Deutschen hätten den Krieg gewonnen. Abstruse Antikriegssatire, an Originalschauplätzen gedreht.

VERDAMMTE SÜSSE WELT

(Inside Daisy Clover)

USA 1966. R: Robert Mulligan. B: Gavin Lambert, nach seinem Roman. K: Charles Lang. M: André Prévin. P: Warner Brothers. L: 128 Min.
D: Natalie Wood (Daisy), Christopher Plummer (Raymond Swan), Robert Redford (Wade Lewis), Roddy McDowall (Baines), Ruth Gordon, Katharine Bard, Betty Harford, Paul Hartman, John Hale.
Aufstieg und Fall eines wilden Teenagers und angehenden Stars aus dem Hollywood der goldenen dreißiger Jahre. Natalie Wood verliebt sich in einen Filmstar, gespielt von Robert Redford, der sie auf Druck des Moguls hin auch heiratet, aber nach dem Honeymoon sitzenläßt. Effekthascherische Enthüllungsstory aus der Traumfabrik.

EIN MANN WIRD GEJAGT

(The Chase)

USA 1966. R: Arthur Penn. B: Lillian Hellman nach einem Roman und Bühnenstück von Horton Foote. K: Joseph La Shelle. M: John Barry. P: Columbia. L: 135 Min.
D: Marlon Brando (Calder), Jane Fonda (Anna), Robert Redford (Bubber), E.G. Marshall (Val Rogers), Angie Dickinson (Ruby Calder), Janice Rule (Emily Stewart), Miriam Hopkins, Martha Hyer, Richard Bradford, Robert Duvall, James Fox, Diana Hyland, Henry Hull, Jocelyn Brando.
Redford alias Bubber gerät unschuldig unter Mordverdacht und wird von einer lynchlüsternen Meute gejagt, während seine Frau eine Affäre mit einem anderen hat. Der Sheriff versucht ihn vergeblich zu retten. Das überladene Kleinstadtdrama über Engstirnigkeit und Intoleranz verliert trotz Starbesetzung durch zu viele verwirrende Nebenhandlungen die klare Linie.

Jane Fonda und Robert Redford in *Barfuß im Park*

DIESES MÄDCHEN IST FÜR ALLE

(This Property is Condemned)

USA 1966. R: Sydney Pollack. B: Francis Ford Coppola, Fred Coe, Edith Sommer, nach einem Einakter von Tennessee Williams. K: James Wong Howe. M: Kenyon Hopkins. P: Paramount. L: 110 Min.
D: Natalie Wood (Alva Starr), Robert Redford (Owen Legate), Charles Bronson (J. J. Nichols), Kate Reid (Hazel Starr), Mary Badham (Willie Starr), Alan Baxter (Knopke), Robert Blake (Sidney), John Harding (Johnson), Dabney Coleman, Ray Hemphill, Prett Pearson, Jon Provost.
Ein Fremder (Robert Redford) kommt in die Stadt und verliebt sich in die schöne Alva (Natalie Wood), die aber einen reichen Burschen heiraten soll. In der tristen Eisenbahnermilieustudie aus Armut, Sex und Selbstsucht, nach einem Einakter von Tennessee Williams, ist es die egoistische Mutter, die das Glück ihrer Tochter zerstört.

BARFUß IM PARK

(Barefoot in the Park)

USA 1967. R: Gene Saks. B: Neil Simon, nach seinem gleichnamigen Bühnenstück. K: Joseph La Shelle. M: Neal Hefti. P: Paramount. L: 106 Min.
D: Robert Redford (Paul Bratter), Jane Fonda (Corie Bratter), Charles Boyer (Victor Velasco), Mildred Natwick (Mrs. Banks), Herbert Edelman (Telephone Man), James Stone (Delivery Man), Ted Hartley (Frank), Mabel Albertson, Fritz Feld.
Nach glücklichen Flitterwochen fallen Corie und Paul in die kalte Realität einer winzigen Wohnung in Manhattan, in der nichts funktioniert: Schnee fällt durch ein Loch im Dach, eine eifrige Schwiegermutter und ein verrückter Mieter besorgen den Rest. Das junge Paar ist total zerstritten – bis Paul barfuß durch den Park trabt. Die spritzige Neil-Simon-Komödie wurde der erste große Filmerfolg für Robert Redford.

ZWEI BANDITEN

(Butch Cassidy and The Sundance Kid)

USA 1969. R: George Roy Hill. B: William Goldman. K: Conrad Hall. M: Burt Bacha-

Robert Redford im Olympiaskiteam in *Schußfahrt*.

rach. P: Twentieth Century Fox. L: 110 Min.
D: Paul Newman (Butch Cassidy), Robert Redford (Sundance Kid), Katharine Ross (Etta Place), Strother Martin (Percy Garris), Henry Jones (Fahrradverkäufer), Jeff Corey (Sheriff Bledsoe), George Furth (Woodcock), Cloris Leachman (Agnes), Ted Cassidy (Harvey Logan), Kenneth Mars (Marshal), Donnelly Rhodes, Jody Gilbert, Timothy Scott, Don Keefer.

Die Banditen Butch Cassidy und Sundance Kid überfallen zweimal die Pacific Railways, werden von einer geheimnisvollen Verfolgertruppe fast zu Tode gehetzt und verirren sich mit Kids schöner Freundin Etta im exotischen Bolivien, wo sie weiter ihren Job verrichten: Banken ausrauben! Kennzeichen dieses radikal modernen Spätwesterns sind Action, Witz und Poesie.

SCHUßFAHRT

(Downhill Racer)

USA 1969. R: Michael Ritchie. B: James Salter, nach „The Downhill Racers" von Oakley Hall. K: Brian Probyn. M: Kenyon Hopkins. P: Paramount. L: 101 Min.
D: Robert Redford (David Chappellet), Gene Hackman (Eugene Claire), Camilla Sparv (Carole Stahl), Karl Michael Vogler (Machet), Jim McMullan (Creech), Christian Doermer, Kathleen Crowley, Dabney Coleman, Timothy Kirk, Oren Stevens, Jerry Dexter.

Unbekannter junger Skirennläufer kommt neu ins Olympiateam und liefert sich spannende Duelle mit dem Altstar. Wenig gelungene Charakterstudie eines von weiblichen Fans umschwärmten Supersportlers. Glanzvoll nur die rasanten Rennszenen aus echten Abfahrtsläufen.

BLUTIGE SPUR

(Tell Them Willie Boy is Here)

USA 1969. R: Abraham Polonsky. B: Abraham Polonsky, nach dem Roman „Willie Boy" von Harry Lawton. K: Conrad Hall. M: Dave Grusin. P: Universal Pictures. L: 98 Min.
D: Robert Redford (Cooper), Katharine Ross (Lola), Robert Blake (Willie), Susan Clark (Liz), Barry Sullivan (Calvert), John Vernon (Hacker), Charles Aidman (Benby), Charles McGraw (Wilson), Shel-

Michael J. Pollard, Lauren Hutton und Robert Redford in *Little Fauss und Big Halsy*

Robert Redford hetzt in schicker Motorradmontur als großmäuliger Biker Big Halsy von einem Rennen zum anderen, unterschätzt aber seinen kleinen Freund und Mechaniker Little Fauss, den er wie einen Sklaven hält. Die Tänzerin an seiner Seite ist die großformatige Schönheit Lauren Hutton.

ly Novack (Finney), Robert Lipton, Lloyd Gough, Ned Romero, John Wheeler, Eric Holland.
Sheriff Cooper und seine Männer verfolgen den Paiute-Indianer Willie Boy, der in Notwehr den Vater des Indianermädchens erschossen hat, das er heiraten will. Das entspricht indianischem Ritual. Die Weißen machen daraus einen Fall von Rassendiskriminierung. Im Showdown macht Cooper eine erstaunliche Erfahrung.

LITTLE FAUSS UND BIG HALSY

(Stromer der Landstraße/ Little Fauss and Big Halsy)

USA 1970. R: Sidney J. Furie. B: Charles Eastman. K: Ralph Woolsey. M.: Johnny Cash, Car Perkins. P: Paramount. L: 99 Min.
D: Robert Redford (Halsy Knox), Michael J. Pollard (Little Fauss), Lauren Hutton (Rita Nebraska), Noah Beery (Seally Fauss), Lucille Benson (Mom Fauss), Linda Gaye Scott, Ray Ballard, Shara St. John, Erin O'Reilly.

VIER SCHRÄGE VÖGEL

(Zwei dufte Typen/ The Hot Rock)

USA 1972. Regie: Peter Yates. B: William Goldman, nach dem Roman von Donald E. Westlake. K: Ed Brown. M: Quincy Jones. P: 20th Century Fox. L: 101 Min.
D: Robert Redford (Dortmunder), George Segal (Kelp), Ron Leibman (Murch), Paul Sand (Alan Greenberg), Zero Mostel (Abe Greenberg), Moses Gunn (Dr. Amusa), William Redfield (Lt. Hoover), Topo Swope (Sis), Charlotte Rae, Graham P. Jarvis, Harry Bellaver, Seth Allen, Robert Levine, Lee Wallace, Robert Weil.
Vier schräge Typen auf der Jagd nach dem heißen Diamanten, den einer von ihnen noch im Polizeirevier verstecken kann, ehe er eingelocht wird. Die anderen befreien ihn aus dem Gefängnis, und damit sind die nächsten Überraschungen vorprogrammiert. Gaunerkomödie von mäßigem Tempo und Witz.

DER KANDIDAT

(The Candidate)

USA 1972. R: Michael Ritchie. B: Jeremy Larner. K: V. J. Kemper, John Korty. M:

Robert Redford und George Segal in *Vier schräge Vögel*

John Rubinstein, David Coloff. P: Warner Bros. L: 110 Min.

D: Robert Redford (Bill McKay), Peter Boyle (Lucas), Don Porter (Jarmon), Karen Carlson (Nancy McKay), Melvyn Douglas (John J. McKay), Quinn Redeker (Rich Jenkins), Michael Lerner (Paul Corliss), Allen Garfield (Howard Klein), Morgan Upton, Kenneth Tobey, Chris Prey, Joe Miksak, Jenny Sullivan, Tom Dahlgren, Gerald Hiken.

Bill McKay, ein erfolgreicher junger Anwalt, läßt sich von seinen Freunden dazu überreden, als Kandidat seiner Partei gegen den alten Gouverneur anzutreten. Der frische und unverbrauchte Newcomer gewinnt in diesem nuancenreich inszenierten Wahlkampf-Politthriller gegen den korrupten, aber übermächtig scheinenden Gegner, muß aber Abstriche bei seinen Prinzipien hinnehmen. Glanzrolle für Redford in Siegerpose mit Schlips und Kragen.

JEREMIAH JOHNSON

(Jeremiah Johnson)

USA 1972. R: Sydney Pollack. B: John Milius, Edward Anhalt, nach dem Roman „Mountain Man" von Vardis Fisher und der Story „Crow Killer" von Raymond W. Thorp und Robert Bunker. K: Duke Callaghan. M: John Rubinstein, Tim McIntire. P: Warner Bros. L: 108 Min.

D: Robert Redford (Jeremiah Johnson), Will Geer (Bear Claw), Stefan Gierasch (Del Gue), Allyn Ann McLerie (Crazy Woman), Charles Tyner (Robidoux), Delle Bolton (Swan), Josh Albee (Caleb), Joaquin Martinez (Paints His Shirt Red), Paul Benedict (Reverend), Matt Clark, Richard Angarola, Jack Colvin.

In dicke Pelze vermummt und hinter dem wilden Vollbart kaum zu erkennen, überlebt Redford als einsamer Trapper und Pelztierjäger den ersten harten Winter in den Rocky Mountains. Später wird seine schöne Indianersquaw Swan von den Crow ermordet, und Jeremiah steigert sich in den Racherausch des Indianerkillers. Episch-grandiose Wild-West-Ballade vom „lonesome man".

SO WIE WIR WAREN

(The Way We Were/ Chérie Bitter)

USA 1973. R: Sydney Pollack. B: Arthur Laurents, nach seinem Roman. K: Harry Stradling jr. M: Marvin Hamlisch, Lied „The Way We Were" gesungen von Barbra Streisand. P: Columbia. L: 118 Min.

D: Barbra Streisand (Katie Morosky),

Robert Redford (Hubbell Gardiner), Bradford Dillman (J. J.), Lois Chiles (Carol Ann), Patrick O'Neal (George Bissinger), Viveca Lindfors (Paula Reisner), Allyn Ann McLerie (Rhea Edwards), Murray Hamilton (Brooks Carpenter), Herb Edelman (Bill Verso), Diana Ewing, Sally Kirkland, Marcia Mae Jones, Don Keefer.

Die unterhaltsame Komödie zeichnet am Beispiel einer ungewöhnlichen Love-Story ein Spiegelbild vom Amerika der vierziger Jahre bis zur McCarthy-Ära. Die beiden Helden könnten nicht gegensätzlicher sein: Barbra Streisand verliebt sich als politisch engagierte linke Aktivistin in den liebenswerten Kommilitonen der reichen Oberschicht Robert Redford, der als Autor nach Hollywood geht. Atmosphärisch dichtes Starkino mit überraschenden Wendungen.

DER CLOU

(The Sting)

USA 1973. R: George Roy Hill. B: David S. Ward. K: Robert Surtees. M: Marvin Hamlisch, Scott Joplin. P: Universal. L: 129 Min.
D: Paul Newman (Henry Gondorff), Robert Redford (Johnny Hooker), Robert Shaw (Doyle Lonnegan), Charles Durning (Lt. William Snyder), Ray Walston (J.J. Singleton), Sally Kirkland (Crystal), Eileen Brennan (Billie), Robert Earl Jones (Luther Coleman), Harold Gould, John Heffernan, Dana Elcar, Jack Kehoe, Dimitra Arliss.
Prohibition und Halbweltszene im Chicago der dreißiger Jahre. In diesem Zockerfilm der Irreführungen und Täuschungen legen zwei sympathische, vom FBI gesuchte Trickbetrüger einen widerlich großmäuligen Spekulanten bei Poker und Pferdewetten aufs Kreuz. Das vergnügliche Banditenstück sieht wieder das Erfolgsteam aus *Zwei Banditen* am Werk. Der Film gewann sieben Oscars, aber keinen für Redford.

DER GROSSE GATSBY

(The Great Gatsby)

USA 1974. R: Jack Clayton. B: Francis Ford Coppola, nach dem gleichnamigen Roman von F. Scott Fitzgerald. K: Douglas Slocombe. M: Nelson Riddle, Irving Berlin. P: Paramount. L: 146 Min.
D: Robert Redford (Jay Gatsby), Mia Farrow (Daisy Buchanan), Bruce Dern (Tom Buchanan), Karen Black (Myrtle Wilson), Scott Wilson (George Wilson), Sam Waterston (Nick Carraway), Lois Chiles (Jordan Baker), Howard DaSilva (Meyer Wolfsheim), Roberts Blossom (Mr. Gatz), Edward Herrmann, Elliot Sullivan, Arthur Hughes, Kathryn Leigh Scott, Beth Porter, John Devlin, Patsy Kensit, Tom Ewell.
Dritte Verfilmung des berühmten Romans von Scott Fitzgerald über den superreichen Herrn Gatsby, der um gesellschaftliche Anerkennung ringt. Redford als nostalgisch gestylter Dressman und Mia Farrow als feinsinnige Geliebte geben ein bezauberndes Liebespaar ab. Beim Publikum fiel der Film aber glatt durch.

TOLLKÜHNE FLIEGER

(The Great Waldo Pepper)

USA 1975. R: George Roy Hill. B: William Goldman, Story von George Roy Hill. K: Robert Surtees. M: Henry Mancini. P: Universal. L: 107 Min.
D: Robert Redford (Waldo Pepper), Bo

Robert Redford und Mia Farrow in *Der große Gatsby*

Svenson (Axel Olsson), Bo Brundin (Ernst Kessler), Susan Sarandon (Mary Beth), Geoffrey Lewis (Newt), Edward Herrmann (Ezra Stiles), Philip Bruns, Roderick Cook, Kelly Jean Peters, Margot Kidder.

Das Fliegerherz schlägt vor Freude einen Looping in diesem Luftabenteuer. Aus den nostalgischen Kunststücken ehemaliger Flieger aus dem Ersten Weltkrieg wird – beinahe – blutiger Ernst, als Redford als Waldo Pepper dem deutschen Ernst Kessler am Himmel ein Duell auf Leben und Tod liefert.

DIE DREI TAGE DES KONDOR

(Three Days of the Condor)

USA 1975. Regie: Sydney Pollack. B: Lorenzo Semple jr., David Rayfiel, nach dem Roman „Six Days of the Condor" von James Grady. K: Owen Roizman. M: Dave Grusin. P: Paramount. L: 118 Min.
D: Robert Redford (Joe Turner), Faye Dunaway (Kathy Hale), Cliff Robertson (Higgins), Max von Sydow (Joubert), John Houseman (Mr. Wabash), Addison Powell (Atwood), Walter McGinn (Barber), Tina Chen (Janice), Michael Kane, Don McHenry, Michael Miller, Jess Osuna, Dino Narizzano, Helen Stenborg, Patrick Gorman.

Die größte Gefahr für den CIA stellt die Geheimorganisation selbst dar. Als Joe Turner nach zufälliger Abwesenheit in sein „Übersetzungsbüro" zurückkehrt, findet er alle Kollegen brutal ermordet vor. In diesem kryptischen Agententhriller sieht er sich nun in einen erbarmungslosen Kampf gegen unsichtbare Mächte verstrickt.

DIE UNBESTECHLICHEN

(All The President's Men)

USA 1976. R: Alan J. Pakula. B: William Goldman, nach dem Buch von Carl Bernstein und Bob Woodward. K: Gordon Wil-

lis. M: David Shire. P: Wildwood Enterprises für Warner Brothers. L: 140 Min.
D: Dustin Hoffman (Carl Bernstein), Robert Redford (Bob Woodward), Jack Warden (Harry Rosenfeld), Martin Balsam (Howard Simons), Hal Holbrook (Deep Throat), Jason Robards (Ben Bradlee), Jane Alexander (Buchhalterin), Meredith Baxter (Debbie Sloan), Ned Beatty, Stephen Collins, Penny Fuller, John McMartin, Robert Walden, Frank Wills, F. Murray Abraham.
Die Vorgänge sind bekannt. In der Nacht des 17. Juni 1972 steigen fünf Männer in das Hauptquartier der Demokratischen Partei ein, das sich im Watergate-Hotel befindet. Carl Bernstein und Bob Woodward, zwei Reporter der WASHINGTON POST, recherchieren mutig diesen verschwörerischen Vorfall, einen der heißesten Politthriller der jüngsten US-Geschichte, der schließlich zum Sturz von Präsident Nixon führte. Der Film vermeidet einerseits demagogische Stellungnahmen und schildert andererseits den komplizierten Fall spannend, sachlich, präzise und ohne sensationelle Ausschmückung.

DIE BRÜCKE VON ARNHEIM

(A Bridge Too Far)

England/USA 1977. R: Richard Attenborough. B: William Goldman, nach dem Buch von Cornelius Ryan. K: Geoffrey Unsworth. M: John Addison. P: United Artists. L: 175 Min.
D: Dirk Bogarde (General Browning), James Caan (Sgt. Dohun), Michael Caine (Lt. Colonel „Joe" Vandeleur), Sean Connery (Generalmajor Robert Urquhart), Edward Fox (Generalleutnant Brian Horrocks), Elliot Gould (Colonel Bobby Stout), Gene Hackman (Major General Stanislaw Sosabowski), Anthony Hopkins (Colonel John Frost), Hardy Krüger (General Ludwig), Laurence Olivier (Dokter Spaander), Ryan O'Neal (Major General James M. Gavin), Robert Redford (Major Julien Cook), Maximilian Schell, Liv Ullmann, Arthur Hill.
Monumentalfilm mit gewaltigem Staraufgebot um ein Großlandeunternehmen, das die Alliierten 1944 hinter die deutschen Linien in Holland bringen sollte. Die kritischen Akzente werden verdeckt durch oberflächliches Heldentum, gehen im sinnlosen Schlachtengetümmel unter.

DER ELEKTRISCHE REITER

(The Electric Horseman)

USA 1979. R: Sydney Pollack. B: Robert Garland, Story von Paul Gaer und Robert Garland, nach einer Erzählung von Shelly Burton. K: Owen Roizman. M: Dave Grusin, Lieder gesungen von Willie Nelson. P: Columbia Pictures, Universal Pictures, CIC. L: 121 Min.
D: Robert Redford (Sonny Steele), Jane Fonda (Hallie Martin), John Saxon (Sears), Willie Nelson, Nicolas Coster, Timothy Scott, James B. Sikking.
Der heruntergekommene ehemalige Rodeoweltmeister Sonny Steele reitet Reklame für eine Supermarktkette und posiert mit Kindern. Als ein berühmtes Rennpferd bei einer Show in Las Vegas mit Drogen vollgedröhnt wird, steigt Sonny aus – er stiehlt den Gaul und reitet auf Nimmerwiedersehen davon.

Robert Redford und Jane Fonda in *Der elektrische Reiter*

BRUBAKER

(Brubaker)

USA 1980. R: Stuart Rosenberg. B: W. D. Richter, Arthur Ross, nach einem Buch von Thomas O. Murton und Joe Hyams. K: Bruno Nuytten. M: Lalo Schifrin. P: 20th Century Fox. L: 130 Min.
D: Robert Redford (Henry Brubaker), Jane Alexander (Lillian), David Keith (Larry Lee Bullen), Matt Clark (Purcell), Richard Ward (Abraham Cooke), M. Emmet Walsh (C.P. Woodward), Yaphet Kotto (Dickie Coombes), Murray Hamilton (Deach), Morgan Freeman (Walter), Tim McIntire, John van Ness, Albert Salmi, Linda Haynes.
Henry Brubaker wird in das Gefängnis von Wakefield eingeliefert. Was er in der verrotteten, verdreckten Anstalt beobachtet, ist erschreckend: Unterdrückung, Folter, Korruption. Da gibt er sich als der neue Direktor zu erkennen und beginnt, die Verhältnisse im humanen Sinn zu verändern – scheitert dabei aber. Sozialkritische Studie über Mißstände im amerikanischen Strafvollzug.

EINE GANZ NORMALE FAMILIE

(Ordinary People)

USA 1980. R: Robert Redford. B: Alvin Sargent, nach dem gleichnamigen Roman von Judith Guest. K: John Bailey. M: Marvin Hamlisch. P: Paramount, CIC. L: 124 Min.
D: Donald Sutherland (Calvin Jarrett), Mary Tyler Moore (Beth Jarrett), Judd Hirsch (Dr. Berger), Timothy Hutton (Conrad Jarrett), M. Emmet Walsh (Schwimmtrainer), Elizabeth McGovern (Jeannine), Dinah Manoff, Frederic Lehne, James B. Sikking, Quinn Redeker, Mariclare Costello, Meg Mundy, Richard Whiting, Scott Doebler.
Als der älteste Sohn bei einem Segelunfall sein Leben verliert, kommen die Konflikte dieser Mittelstandsfamilie aus Chicago voll zum Tragen. Nach einem Selbstmordversuch wird der jüngere Sohn psychiatrisch behandelt. Anhand einer Familienkrise versucht das Melodram eine kritische Bestandsaufnahme des amerikanischen Alltagslebens.

DER UNBEUGSAME

(The Natural)

USA 1984. R: Barry Levinson. B: Roger Towne, Phil Dusenberry, nach dem gleich-

Robert Redford und Meryl Streep in *Jenseits von Afrika*

namigen Roman von Bernard Malamud. K: Caleb Deschanel. M: Randy Newman. P: Warner/Columbia. L: 122 Min.
D: Robert Redford (Roy Hobbs), Barbara Hershey (Harriet Bird), Kim Basinger (Memo Paris), Glenn Close (Iris Raines), Robert Duvall, Wilford Brimley, Robert Prosky, Richard Farnsworth.
Der begabte junge Baseballspieler Roy Hobbs geht in die große Stadt, um ein Star zu werden, gerät aber statt dessen in ein Mordkomplott. Später, als Oldtimer, wird er doch noch zum Baseballhelden, wobei ihn der blonde Vamp Kim Basinger gefährlich umgarnt. Klassisches amerikanisches Aufsteigermärchen von Ruhm und Erfolg.

JENSEITS VON AFRIKA

(Out of Africa)

USA 1985. R: Sydney Pollack. B: Kurt Luedtke, nach einem Roman von Tania Blixen. K: David Watkin, Rodrigo Gutierrez, Peter Allwork, Freddie Cooper. M: John Barry. P: Universal. L: 161 Min.
D: Meryl Streep (Karen Blixen), Robert Redford (Denys Finch Hatton), Klaus Maria Brandauer (Bror von Blixen/ Hans von Blixen), Michael Kitchen, Malick Bowens, Joseph Thiaka, Stephen Kinyanjui, Michael Gough, Suzanna Hamilton, Rachel Kempson.
Antilopen, Löwen, Massais, eine Kaffeeplantage und grandiose Landschaften dienen als Folie eines romantischen Bilderbogens aus dem schwarzen Afrika. Redford als Safariführer und Flieger Denys Finch Hatton erfährt eine rauschhafte und tragische Liebesromanze mit der Baronin von Blixen, ehe er durch einen Flugzeugabsturz ein jähes Ende findet. Der Film wurde mit sieben Oscars ausgezeichnet.

STAATSANWÄLTE KÜSST MAN NICHT

(Legal Eagles)

USA 1986. R: Ivan Reitman. B: Jim Cash, Jack Epps jr. K: Laszlo Kovacs. M: Elmer Bernstein. P: Universal. L: 114 Min.
D: Robert Redford (Tom Logan), Debra

Winger (Laura Kelly), Daryl Hannah (Chelsea Beardon), Brian Dennehy, Terence Stamp, John McMartin, Jeannie Dundas.

Staatsanwalt Tom Logan sieht sich in seinem neuen Fall zwei attraktiven Frauen gegenüber, und das bringt ihn schwer in die Bredouille, denn er ist auch nur ein schwacher Mann. Bald ist er seinen Job los und ermittelt als Verteidiger gemeinsam mit der schönen Laura Kelly in einem Fall um Kunstraub, Versicherungsbetrug und Mord. Romantische Liebeskomödie als Krimifeuerwerk.

MILAGRO – DER KRIEG IM BOHNENFELD

(The Milagro Beanfield War)

USA 1988. R: Robert Redford. B: David Ward, John Nichols, nach dem Roman von John Nichols. K: Robbie Greenberg. M: Dave Grusin. P: Universal. L: 118 Min.

D: Chick Venera (Joe Mondragon), Sonia Braga (Ruby Archuleta), John Heard (Charlie Bloom), Christopher Walken (Cyril Montana), Carlos Riquelme, Ruben Blades, Richard Bradford, Melanie Griffith.

Das sozialkritische Melodram schildert den heroischen Kampf einer Gruppe von Chicanos gegen einen reichen Großrancher, der die Gegend in ein Erholungsgebiet verwandeln will. „Widerstand ist nötig", lautet Redfords Botschaft, „in einer Zeit, in der alles dem Profit untergeordnet wird." Der Film mag zwar naiv erscheinen, überzeugt aber durch sein Engagement und seine Menschlichkeit.

HAVANNA

(Havanna)

USA 1990. R: Sydney Pollack. B: Judith Rascoe, David Rayfiel. K: Owen Roizman. M: Dave Grusin, Songs: Perry Como, Doris Day, The Andrew Sisters. P: Universal/ UIP. L: 145 Min.

D: Robert Redford (Jack Weil), Lena Olin (Bobby Duran), Alan Arkin (Joe Volpi), Raul Julia (Aturo Duran), Tomas Milian, Tony Plata, Batsy Brantley, Lise Cutter, Richard Farnsworth, Mark Rydell.

Unser Mann in Havanna ist der alternde Zockerkönig Jack Weil, der sich in den Wirren der kubanischen Revolution kurz vor dem Sieg Fidel Castros in die attraktive Aristokratin Roberta Duran verliebt, die auf der Seite der Rebellen kämpft. Doch als die Love-Story gerade anfängt, Funken zu schlagen, taucht der totgeglaubte Ehemann der Geliebten wieder auf.

SNEAKERS – DIE LAUTLOSEN

(Sneakers)

USA 1992. R: Phil Alden Robinson. B: Phil Alden Robinson, Walter F. Parkes, Lawrence Lasker. K: John Lindley. M: James Horner. P: Universal/ UIP. L: 125 Min.

D: Robert Redford (Bishop), Dan Aykroyd („Mutter"), Ben Kingsley (Cosmo), Mary McDonnell (Liz), Sidney Poitier, River Phoenix, David Strathairn.

Eigentlich überlisten Bishop und seine vier Computerhacker halblegal Sicherheitssysteme von Banken, damit diese für die Zukunft verbessert werden. Eines Tages erhält die Truppe den Auftrag, eine hochentwickelte Datendechiffriermaschine zu klauen, und tappt dabei von einer Falle in die nächste: Phantastische High-Tech-Komödie voller Gags und schwarzem Humor.

Aus der Mitte entspringt ein Fluß

(A River Runs Through it)

USA 1993. R: Robert Redford. B: Richard Friedenberg, nach der autobiographischen Erzählung von Norman Maclean. K: Philippe Rousselot. M: Mark Isham. P: Scotia Film. L: 123 Min.
D: Craig Sheffer (Norman Mclean), Brad Pitt (Paul Maclean), Tom Skerritt (Reverend Maclean), Brenda Blethyn (Mrs. Maclean), Emily Lloyd, Edie McClurg, Stephen Shellen, Vann Gravage.
Die zwei ungleichen Brüder Norman und Paul Maclean wachsen im ersten Drittel unseres Jahrhunderts in einer strengen, aber wohlbehüteten Familie in Montana auf. Ihr Vater, ein presbyterianischer Pfarrer, bringt ihnen früh das Fliegenfischen bei, das mehr ist als nur ein Sport. „Am Ende wird alles eins, und ein Fluß fließt hindurch." (Norman Maclean)

Brad Pitt in *Aus der Mitte entspringt ein Fluß*

Ein unmoralisches Angebot

(Indecent Proposal)

USA 1993. R: Adrian Lyne. B: Amy Holden Jones, nach dem Roman von Jack Engelhard. K: Howard Atherton. M: John Barry. P: UIP. L: 117 Min.
D: Robert Redford (Gage), Demi Moore (Diana), Woody Harrelson (David), Seymour Cassel, Oliver Platt.
Das Ehepaar Diana und David begegnet in Las Vegas dem Milliardär John Gage, einem reiferen Gentleman mit Geschmack, der ein Auge auf die reizvolle junge Frau geworfen hat und behauptet, jeder Mensch sei käuflich. Als Beispiel bietet er eine Million Dollar für sie. Davids Eifersucht treibt Diana in das Abenteuer einer Nacht, das nicht mehr ungeschehen gemacht werden kann.

Robert Redford als „netter" Milliardär in *Ein unmoralisches Angebot*